용맹하게 다정하게 눈이 부시게

15명의 목소리로 전하는 사랑,

용맹하게 다정하게 눈이 부시게

시절

들어가며

"나를 조연이 아니라 주연으로 만들어 주는 사람을 사랑해야 해."

언젠가 메모장에 남긴 문장을 발견했습니다. 영화 속 주연을 찍는 카메라 감독처럼, 어떠한 역경과 시련이 닥치더라도 나만을 향하는 상대 배우처럼 나를 주인공으로 대해주는 사람은 정말 멋진 짝꿍일 것입니다. 단 한 문장만 적힌 메모장의 여백은 자연스레 상념으로 이어집니다. 이 문장을 뒤집어 보면 나 역시 상대를 주연으로 대할 줄 아는 사람이 되어야 한다는 말이 됩니다. 그간 겪은 사랑의 장면들을 돌이켜볼 수밖에 없습니다. 그랬었다 자신할 수 있을까요. 이모저모 생각을 굴려 보아도 잘 모르겠습니다. 멈추지 않고 나아가 사랑은 무엇인지 고민케 합니다.

혼자서만 골몰하는 게 정답은 아닐 터, 모르는 문제를 들고 찾아갈 선생님이 없는 지금의 저는 15명의 작가님께 물었습니다. 당신이 생각하는 사랑은 무엇인가요. 당신이 경험한 사랑이 어떤 모양을 띠는지, 어떤 맛을 내는지, 어떤 감각을 동원한 무슨 느낌인지. 저는 정말 궁금했습니다.

저처럼 사랑이 궁금한 사람이 있을 겁니다. 내 사랑을 확인받고 싶은 건지도 모르죠. 우리는 아마 사랑에 서툰 자들이 아닐까 싶습니다. 그렇다면 여기, 우리들을 위한 희망찬 목소리를 들어볼 차례입니다. 15명의 작가들이 꺼낸 소중한 얘기를 펼쳐볼 때, 바로 지금입니다.

목차

들어가며

용맹하게

- 010   힘없이 미워하고 용맹하게 다정한 | 진서하
- 028   부르는 목소리 | 전욱진
- 036   내 것이 모자라다 말할 수 없겠지요 | 오종길
- 046   상실의 시대 | 그린
- 054   이미 슬픈 마음으로 너를 본다 | 이아로

다정하게

- 064 뭉근하게 끓이는 카레 | 이찬호
- 072 토할 것 같은 내 사랑 | 에리카퐒
- 084 15년과 10년 | 나나영롱킴
- 100 당신과의 순간을 | 김롯벌
- 110 사랑에 서툴러서, 내가 미안해 | 장하련

눈이 부시게

- 120 미싱 링크 | 김연지
- 132 사랑하는 건 맞는데요, 사랑한다고 말할 수는 없어요 | 김현경
- 144 주황색 햇빛이 들어오는 버스를 타고 | 김철수
- 160 눈마음 | 김하루
- 168 복숭아를 닮은 사람 | 방멘

나가며

용맹하게

힘없이 미워하고 용맹하게 다정한 | 진서하
부르는 목소리 | 전욱진
내 것이 모자라다 말할 수 없겠지요 | 오종길
상실의 시대 | 그린
이미 슬픈 마음으로 너를 본다 | 이아로

힘없이 미워하고 용맹하게 다정한

진서하

―

『상온보관의 마음』『돌아오는 새벽은 아무런 답이 아니다』를 썼다.
더 할 말이 없으니 더 쓸 것도 없다고 자주 생각한다.
그래 놓고 수십 번, 다시 말하고 또 쓴다.

이 무모한 믿음의 출처는 어디일까. 재영의 잠든 얼굴을 보면서 생각한다. 움찔대는 눈썹과 콧구멍, 그 위로 교차하는 매끈한 숨소리와 우렁찬 코 고는 소리. 대체 나의 무엇을 믿고 이렇게 한잠에 들어있는 것인지 궁금할 정도로 몸도 마음도 한껏 풀어헤친 채 재영은 널브러져 자는 중이다. 네 인감이 어디 있는지 내가 알아버렸는데 말이야. 네 주민번호도 얼추 다 외워버렸는데 말이야. 걱정이 안 되냐는 말이지. 베개에 눌려 못나게 삐죽 솟아오른 볼을 콕콕 찌르면서 나는 줄곧 실실 웃는 채로 중얼거린다.

그는 모르는 그의 얼굴을 나는 아주 여럿 안다. 하나하나 더듬으며 유치하고 치사하게 낄낄대는 것이 나의 독점적 기쁨이다. 잠든 재영의 얼굴은 그중 가장 고요히 누릴 수 있는 행복이다. 그의 잠을 관찰하다 보면 밝은 때의 복잡한 것들은 하나씩 잊힌다. 전세 만기와 대출이자, 바닥난 잔고와 밀린 수업료 모두 뒤통수 너머로 차차 희미해져 간다. 사랑은 용기라더니 이런 것까지 잊게 한다.

정말로… 무모해… 정말로….
그러면서 나도 까무룩 잠에 든다.

*

함께 한 지 6년 차, 그중 2년을 꽉 채워 함께 살고 있다. 다소 점잖았던 연애 초기에 우리는 서로를 '지영 씨'와 '재영 씨'라고 불렀다. 뭐 먹고 싶은 거 있어요, 재영 씨? 아 저는 지영 씨 먹고 싶은 거 먹을래요. 아 그럼 파스타 어떠세요 재영 씨? 좋아요, 지영 씨는 어떤 파스타 제일 좋아해요?

　시간이 지난 지금, 이 점잖은 호칭은 서로에게 농담인 척 잔소리를 하고 싶을 때에나 등장한다. 지영 씨, 제가 어제 개어 둔 양말은 언제쯤 서랍에 넣으실 예정이신가요? 앗 재영 씨, 알겠습니다. 그런데 재영 씨, 양념 묻은 그릇은 한 번 물로 헹군 뒤 싱크대에 두시라고 말씀드리지 않았던가요? 어차피 제가 설거지를 할 것 같으니 그냥 두시지요, 지영 씨.

　분위기 좋은 레스토랑에서 포크를 돌돌 말아 한입에 파스타를 쏙 넣어 오물오물 씹으며 파스타도 서로도 간 보다가 낯간지러운 편지를 잘도 주고받던 둘은, 이제 한 집에서 청국장을 한 솥 끓여 나물 비빔밥을 함께 비빈 뒤 양배추 쌈을 우걱우걱 싸 먹고선 도시가스와 수도세 고지서를 함께 읽는다. 같은 치약을 칫솔에 바르고 벅벅 양치를 하면서 이제 샤워는 웬만하면 헬

스장에서 하고 오는 게 좋겠다고 합의를 본다.

*

오래된 빌라 엘리베이터 없는 5층에 전셋집을 구하고, 각자 살던 집을 내놓고, 창틀이며 방문과 대문에 페인트칠을 하고, 책장을 합쳤다. 같은 책이 반, 다른 책이 반이었다. 책장 세 개 중 하나에 두 권의 같은 책들을 모아두었다. 같은 책끼리 뺨을 맞댄 채 책장 하나를 가득 채운 걸 보면서 정말로 우리가 같이 살게 되었구나 실감했다.

이제 와서 하는 말이지만 나도 재영도 걱정이 많았다. 쟤가 나를 견딜 수 있을까? 쟤 나한테 질려서 갑자기 집 나가는 거 아니야? 서로를 염려하며 시작된 동거였다. 다행히 아직까지는 평온무사한 동거가 이어지고 있다. 물론 같이 사는 일이 연애만큼 쉬웠다면야 그

만큼 뻔뻔한 거짓말이 어디 있겠느냐마는. 상대가 나만 한 인간임을 아는 일엔 그런 장점이 있다. 이해되지 않을 일도 이해할만 해지는 것. 쟤 진짜 이상하다 생각하다가도 문득 내가 얼마나 이상한지를 떠올려 보면, 그래서 우리가 함께라는 걸 새삼 깨달으면, 웬만한 일은 그러려니 하고 기다릴 수 있게 된다. 재영과 나는 둘 다 좀 이상한 인간이고 그러니 둘이서 같이 사는 게 여러모로 이 세계에 다행인지도 모른다. 그런 농담 같은 진심을 말하면서 같은 잔으로 맥주를 마신 뒤 맞대놓은 각자의 싱글 침대 위에 누워 잠을 청한다.

엄마들은 동거를 내심 반겼다. 도무지 자기 자신이길 포기하지 않는, 이상한 자기 딸과 어려운 당신의 아들이 외롭게 늙어가면 어쩌나 정말로 애들이 결혼을 안 하면 어쩌나 걱정이 많은 엄마들이었다. 같이 살게 두면 언젠간 결혼하겠지 하는 마음으로 하하 호호 그래 같이 살아보렴 하고 시작된 동거였다. 엄마들의 바람은 여러 방식으로 꾸준히 우리를 두드린다. 성화에 못 이겨 참석한 사촌의 결혼식에서 슬그머니 옆으로 다가와 나도 한복 입고 화촉 밝히고 싶다 한마디 건네고, 누구랑 누구는 결혼한다던데 만난 지 일 년밖에 안 됐더라 근데 너네는 몇 년 됐더라 하고 잘 아는 일도 괜히 한 번 되묻는다. 귀엽기도 하고 때로는 성가시다. 이따금씩은⋯ 그냥 해버릴까 싶기도 하다.

*

   실은, 재영과 만난 지 얼마 되지 않아 언젠가 재영과 같이 살게 될 거란 걸 알았다. 너무 뻔한가. 운명 같은 예감이라니 낯간지러워 죽겠네. 하지만 예감은 인사 없이 들이닥쳤다. 재영은 왠지 같이 살고 싶은 사람이었다. 나로서는 매우 이례적이고 용감한 발상이었는데, 이유는 평범했다. 행복한 동거를 좀처럼 겪어 본 적도 목격해 본 적도 없었기 때문이다. 얼결에 태어나 내가 가족이라는 시스템 안에서 배운 사랑은, 애정이라는 이름 아래 역할을 강요하고 존재가 곧 책무가 되는 것이었다. 숨 막히는 일이었다. 벗어나기 위해 기숙사와 하숙집 생활도 해보았지만 그도 고단하긴 마찬가지였다.

누군가와 같이 산다는 게 곧 행복이라는 생각을, 이전까지는 한 번도 해본 적이 없었다. 그런 감상은 미디어에서나 보던 것이었다. 미디어와 나 사이의 괴리는 사랑에 대한 철저히 다른 해석 때문에 갈수록 깊고 멀어졌다. 내가 겪은 사랑 안에서, 줄 수 있는 것도 받을 수 있는 것도 없었다. '있는 그대로', '무슨 일이 있어도', '네가 무슨 선택을 하더라도' 같은 사랑은 사실 실존하는 게 아니라고 믿었다. 그저 무작정 상대를 견디고 조금이나마 더 편안한 상태를 기다리는 일 정도가 내 안에서 사랑으로 오인되었다. 이도 저도 모를 사랑과 사람 사이에서 나는 언제나 완전한 혼자를 꿈꿨다.

그러니 사랑이 무엇인지 나는 거듭 처음부터 다시 배워야했다. 세상의 사랑과 내가 아는 사랑이 무척 다른 모양새라는 걸 거듭 확인해야 했다. 존재의 전제 조건이 내가 원치 않은 역할의 이행이라면, 그것을 수행하는 것만이 내 존재를 증명하는 방식이라면, 그걸 매 순간 되새기게 하는 게 사랑이라면… 사랑이 사랑이 맞는 것인가? 사랑이라 할 수 있나?

물음표가 증식되는 동안 물어볼 데도 없어 혼자 울기만 하던 날이 많았다.

*

재영의 사랑은 조금 달랐다. 그가 택한 사랑의 방식은 그대로 두는 것이었다. 내가 받았던, 혹은 배웠던 사랑과는 많이 달랐다. 누군가를 바꾸고, 바꾸기 위해 대신 다 해줘버리고, 알아주지 않으면 화내고, 바뀌지 않으면 싸우고, 그로 인해 결국 바뀌기를 바라는 것이 아니었다. 그런 사랑에서 벗어나고 싶었지만 도무지 방법을 몰랐던 나는 재영에게 다짜고짜 이 막막함을 털어놓았다. 그때 재영이 한 말은, 그리고 여전히 그가 제일 많이 하는 말은 '그렇구나'와 '그럴 수 있지', 그리고 '그게 진짜 네 마음이 맞아?'였다.

내가 그에게 무엇을 바라든 혹은 바라지 않든 재영은 그저 실눈으로 웃으며 얇은 입술로 그래 그럼, 그러자 하고 차분하게 답한다. 내 사랑의 방식은 그 앞에서 자주 무력해졌다. 자꾸만 알고 싶고 조금은 초조한 내 사랑 앞에서 재영은 매번 져주었다. 그래, 그러자, 너의 사랑도 해보자 하면서.

재영이 매번 내게 져주었기 때문에 결국엔 재영의 사랑이 이겼다.
그게 우리의 항상이 되었다.

*

　재영이 나를 바라보고 인정하고 내버려 두는 동안 처음으로 내가 나라는 게 어떤 것인지 깨달았다. 어떤 몸으로 어떤 말을 하고 어떤 표정을 지어도, 너는 너야. 실수하고 후회하고 상처 주고 상처받는 모든 게 그냥 너야. 우리는 매우 소중하지만 동시에 특별하지도 않아. 아무것도 아니어도 괜찮아. 해야만 하는 건 없어. 누군가에겐 그런 말이 뻔했을까. 너는 특별하지 않다는 그 말에 한숨을 내쉬었던 게 떠오른다. 지나친 각오로 빵빵해진 풍선이 그 바늘 같은 한마디에 빵, 터져버린 것만 같았다.

　그가 닦아둔 사랑이 나를 자유롭게 했다. 그 자유 안에서 그제야 내가 어떻게 말하고 듣고 행동하고 쓰고 싶은지 다시 고민할 수 있었다. 그러니까, 거기서부터 나는 나를 다시 키웠다. 재영과 오래도록 눈 맞추고

토라지고 화를 내고 대화하며 그제야 나는 배웠다. 어떤 내가 될 것인지는 어쩌면 선택의 문제라는 걸. 아무런 선택을 하지 않아도 그건 그대로 나여서 괜찮을 수도 있다는걸.

그리고 마음먹었다. 나도 재영이 되고 싶다고. 재영에게 재영이 되어주어야겠다고. 이 자유를 혼자만 누릴 순 없다고. 그래서 나는 나의 일부가 재영이 되기를 바라며 살고 있다. 서로가 서로이기를 열렬히 응원하는, 오래도록 서로의 든든한 자유가 되길 바라는 만큼 자신을 가꾸고 기르는 재영의 기질을 베껴오려고 부단히 노력하며 살고 있다. 그 덕에 매일매일 하루쯤 더 살아봐야겠다고 생각한다.

*

자유로워져서인지 살아갈 이유가 생겨서인지. 그

도 아니면 삶으로부터 자유로워진 채 살아갈 용기가 생겨서인지. 이상하게 재영과 있을 때면 지나치게 웃음이 많아진다. 재영이 하는 모든 농담과 적절한 밈 활용에 익숙해진 나머지 나는 재영이 말하려고 숨만 들이쉬어도 웃기 시작한다. 미드에서 왜 다들 좀 반했다 싶으면 you're so funny~~를 남발하는지 이제는 안다. 사랑해서 웃기도 하지만 웃다가 사랑하게도 되는 걸까. 별거 아닌 일에도 재영이 한마디 얹으면 나도 모르게 웃고 있다. 물론 재영은 미식축구 쿼터백이 아니고 나는 치어리더가 아니어서, 재영이 때로 애매하게 능청을 떨면서 선 넘는 농담을 내뱉으면 나는 또 그게 좋다고 십수 년 전 때워둔 금니를 드러내면서 껄껄 웃는다. 아이씨 짜증 나 또 웃었어 하고 재영을 째려보다가 결국 둘만 웃긴 세상에 기꺼이 갇히고 만다.

그의 웃기고 우스운 면을 나만 안다는 것이 진짜 신난다면… 나 너무… 유치한가. 이 유치함은 스스로를 채찍질하게 한다. 이렇게 홀랑 빠져서 바보가 된다고? 미친 거야 드디어? 이럴 거면 치어리더가 돼버리지 그래? 어쩐지 조금 쪽팔리기 때문에 영영 비밀로 하려던 일이다. 하지만 여전히 짜증 나게도, 우울할 땐 그가 말아주는 트위터 밈과 나에 대한 조롱만이 나를 웃게 한다. 그는 내게 무작정 잘했다고 네가 최고라고 절대, 절대로 말해주지 않는다. 그건 사실이지만 가끔 열받는 일이기도 한데, 듣다 보면 정말로 나는 무작정 잘하지도 최고이지도 않는 게 맞아서 대꾸할 수가 없다. 하지만, 잘하지 않아도 최고이지 않아도, 그대로 괜찮다는 게 늘 그의 결론이다. 재영은 같은 말로 매번 새로운 어려움에 빠진 나를 구한다.

재영을 떠올리면 허리를 바짝 세우고 바른 자세로 앉게 된다. 목에서부터 아랫배까지 단단하게 일렁이는 빛이 잠깐 반짝하는 기분이다. 웃기는 사람. 술 마시고 잘 때는 코를 천둥 호랑이처럼 고는 사람. 냉장고

만 한 덩치에 약한 발목을 가진 사람. 세상에 불만 많고 꼬였으면서도 제 사람에게는 의아할 정도로 열려있는 사람. 힘없이 미워하고 용맹하게 다정한 사람. 집에 가면 그런 사람이 나를 반길 거라는 예감만으로도 비척한 하루를 헤쳐 나갈 수 있다. 스스로에게조차 들키고 싶지 않은 나의 어떤 구석도 재영에게는 들키기를 은근히 기다리게 된다.

*

이 선명한 사랑 앞에 붙일 호칭은 여전히 애매하다. 우리는 서로의 애인이었다가 남자친구나 여자친구였다가 동거인이기도 하다. 친한 사람들 사이에서 나는 재영을 집사람이라고 부르고, 재영은 나를 우리 집안의 기둥이라고 부른다. 재영이 집사람이 아니고 내가 우리 집안의 기둥이 아니기 때문에 이 호칭은 유머가 된다.

이도 저도 다 귀찮은데 사람들이 자꾸 둘의 관계를 캐물을 때, 나는 그냥 재영을 남편이라고 해버린다. 함께 가다실을 맞으러 갔을 때 병원에선 우리의 관계를 몇 번이나 물었다. 남자 여자가 같이 맞을 거예요? 그럼 결혼 유무에 체크해 주셔야지. 여기 '유'에 동그라미 해주세요~ 경쾌하게 붙은 물결에 나는 그냥 쟤랑 내가 결혼했다고 해버렸다. 망설이던 재영이 '유'에다가 슬금슬금 찌그러진 동그라미를 그린다. 남편이 같이 맞으러 오고 착하네. 좋겠다 새댁은 복 받았네. 새댁은 입꼬리만 겨우 웃고 가만히 있던 남편은 착한 남편이 된다. 재영을 남편이라고 칭할 때 내 마음은 어딘가 언짢다. 내가 언짢은 만큼 사람들의 납득은 빠르고 확실하다. 병원을 나오면서 나는 재영에게 아이구 착한 우리 남편 남자가 가다실 주사도 맞아주고 너어어무 고맙따아 하고 이죽댄다. 복 받은 새댁은 받은 복을 죄다 걷어차고 싶은 것처럼 군다. 해버릴까 고민했던 결혼은 했다고 거짓말해버리자마자 하기 싫어졌다.

우리는 아무것도 아니고 너무나 무엇이다.

*

실체 없는 사랑만이 선명하다. 같은 대문 너머에서 같이 밥을 먹고 곁에 누워 잠을 자고. 서로의 수렁을 바라보다가 대신 웃고 울어주는 동안 낡은 빌라의 5층은 나의 집이 된다. 그곳에 있는 재영은 누구보다도 나의 가족이다. 어금니 깨물지 않은 채 깊은 잠을 자고 일어난다. 턱에 힘주지 않은 채 멍때리며 반나절을 보낼 수 있다. 이 집에서 나는 재영과 함께 삶과 삶이 몰고 오는 시련을 맞이한다. 그 가운데에서도 우리는 매일 서로의 손을 잡은 채 잠에 드는 걸 잊지 않는다. 각자의 침대에서 멀찍이 손을 뻗어 맞잡은 채로. 조금 불편해도 모른 척 참으면서. 되도 않는 실없는 농담을 어둠에다 던지며. 누구 하나 먼저 곯아떨어질 때까지 대결이라도 하듯 낄낄대면서.

나는 어제의 웃음을 자꾸 잊는다. 가는 시간과 어제의 웃음을 잊을 만큼 매일 새롭게 웃는다. 그래서 나는 잊는 것도 기꺼이 하게 된다. 잊는 것조차 자유로운 이 사랑 안에서 문득 끝을 염려한다. 이내 기꺼이 그 끝을 맞이할 준비도 한다. 헤어지더라도 아쉽지 않게 매일 잘 웃고 잘 싸우고 서로를 잘 키워낸다. 내일 당장 헤어지더라도 그러니 하나도 안타깝지는 않을 일이다. 최선을 다해 웃고 기꺼이 서로의 슬픔을 들쳐업는다. 업고 업힌 채로 서로 안에서 우리는 각자가 된다.

이 사랑 안에서 나는 비장하지 않아도 된다.

부르는 목소리

전욱진

—

시 쓰는 사람.
시집 『여름의 사실』.

이건 내가 마음속에 품고 자주자주 꺼내 보는 장면입니다. 내 안에서 언제나 새롭고 산뜻한 광경, 그게 제법 오래전 일인데도. 그러니까 여름에서 가을로 막 건너갈 즈음. 볕이 아직 과하지만 불어오는 실바람에 몸놀림은 버겁지 않고. 날아다니는 잠자리가 이리저리 많아 눈으로 좇다 보면 마음도 덩달아 산란해지는 때.

그날은 토요일이었고 그즈음 난 무슨 사고를 저질렀는지 남들보다 더 일찍 등교해, 정문부터 학교 본관 앞에 이르는 길을 청소해야 했습니다. 그렇게 빗자루와 내가 나란히 구령대를 넘었을 무렵, 누군가 내 이름으로 날 부르는 소리가 머리 위에서 들려왔습니다. 올려다보았더니 그 애가 열어눈 장문에 윗몸만 내놓고서 거기 있었습니다.

단 한 번도 예쁘다 생각 안 했고 대신 장난을 칠 때마다 그 반응이 우스워 늘 짓궂게 대하던 애가 내게 웃으며 손 흔들던 그때, 난 십 초 정도를 멀뚱거리기만 하며 쳐다보고 있었던 거 같습니다. 그해의 마지막 힘을 짜낸 여름빛이 그 애의 머리 위를 쓰다듬고서 내 눈 안에 들어왔습니다. 이 순간을 앞으로 오래 기억하게 될 거라는 사실은 물론 그땐 알지 못했습니다. 까닭 없이 겸연해져 그저 멍하니 손만 흔들었던 걸로 기억합니다. 교실로 돌아가는 길 그 애를 복도에서 마주쳤을 때, 장난은커녕 눈도 제대로 마주치지 못했던 것도.

왠지 모르게 서두르는 심장을 부여잡고 가던 그날 하굣길. 집으로 향하지 않고 실개천을 따라 난 산책로를 한참 걸었습니다. 갑자기 비가 쏟아질 거 같았던 그 흐린 날의 풍경이 내 안에서 여전합니다. 그때 그 길 가장자리, 흘레붙은 들개 두 마리가 보이자 어쩐지 서글퍼졌던 마음마저.

그날 이후 아무 잘못하지 않았는데 난 그 애를 피해 잘도 도망 다녔습니다. 일단 그 애가 있는 반 방면으로는 얼씬조차 안 했던 건 물론, 복도를 걷다 그 애 모습이 불현듯 보이면 방향을 틀어 화장실로 간다던가. 용건 없이 교무실에 들어가 담임 선생님 주변을 괜히 얼쩡거린다던가. 하는 수 없이 마주치게 되면 인사는 최대한 눈인사 정도로만.

이렇게나 부지런을 피웠던 걸 보면 그때 난 이 감정으로 인해 내가 다칠 수도 있겠단 생각을 한 거 같습니다. 말하자면 당시에 난 무척 놀란 상태였습니다.

다른 사람을 내 마음 안에 들였단 사실을 처음 깨달은 때. 나 하나와 관련된 감정만으로도 벅찬 와중에, 타인이 깊이 연루된 이런 느낌에 관해선 아무도 내게 가르쳐주지 않았던 겁니다. 그렇다고 아무에게나 먼저 토로할 용기는 없어서 난 그저 우긋이 혼자 생각할 따름이었습니다. 내가 하는 생각 군데군데 그 애의 얼굴이 자주 있다는 사실은 알았고, 그래서 아무도 안 볼

땐 그 애가 부른 방식으로 내 이름을 불러보기도 했습니다.

그리고 얼마 안 있어, 갑자기 자신을 피해 다니는 내가 이상했는지 그 애가 우리 집 문을 두드렸습니다. 내 이름을 정확히, 또박또박 부르면서. 그렇게 여러 차례 거침없이 그 애는 문 앞에 섰고 난 그때마다 오늘은 몸이 아프다 오늘은 학원 숙제가 많다 오늘은 너무 피곤하다, 같은 이런저런 핑계로 문을 열지 않았습니다. 다만 날 부르는 소리가 더는 들리지 않는 때가 와서, 문구멍으로 내다본 바깥으로 그 아이 모습이 정말 보이지 않으면. 내 심장도 자리를 비운 듯 몸속은 금세 어두컴컴해지고 안에서부터 바람 소리만이 쉭쉭 들려왔습니다.

몸 안의 불빛을 켜기 위해 어두운 밤을 함부로 거닐던 시절이었습니다.

자, 이 장면은 격자로 진 주름 따라 접어 다시 내

마음속에 넣어 두고. 그로부터 꽤 많은 시간이 흐르며 난 점차 나 자신이 되어가는 일에 익숙해졌습니다. 그러는 동안 종종 밖에서 누군가 문 두드리는 소릴 들어 내가 활짝 열어준 때가 있었습니다. 또 이따금 그가 사는 데 앞에 서서 짐짓 침착한 척하며 내가 먼저 문 두드린 때도 있었습니다. 도무지 수줍어 미처 두들기지 못하고 헛기침 소리만 낸 때도 있었으며, 그렇게 일부러 한 기침이 결국 정말로 감기가 되어버린 때도 있었습니다.

내가 혹은 그가 문 열어 우리가 만나 포옹을 하고, 함께 실내로 입장해 시간을 나란히 흘려보낼 때. 그렇게 서로 계속 무언가를 나누고 무언가를 빼앗고 상처 입히고 상처 입는 동안. 그 일련의 과정 끝에 내가 알게 된 건, 나와 그가 결국 서로를 모른다는 사실 그러니까 우리가 끝내 타인이라는 사실이었습니다.

그래서 누가 어떤 부탁을 하긴 더는 문 열어주지 말자, 이렇게 마음먹은 때도 있었습니다.

하지만 또 다른 누군가를 만나 나도 모르게 그쪽으로 계속 몸이 기운다 느끼는 바로 그 순간. 도르르 굴러오는 먼 미래의 작고 동그랗고 단단한 슬픔이 내 안에서부터 들려 온다 해도, 더는 상관하지 않고 그이에게 내 마음을 바치겠다 결심하는 일. 그리고 사람은 언제나 그런 일을 새로이 시작할 수 있다는 사실은 가끔씩 날 깜짝 놀라게 합니다.

그렇게 시간은 흐르고 흘러, 지금 난 어떤 한 사람과 약간의 거리를 둔 상태로 가을 한복판을 지나는 중입니다. 미국쑥부쟁이, 버들마편초, 분홍바늘꽃 같은 이름을 잘도 입에 담으면서. 전부 그 사람이 가르쳐준 들꽃의 이름들.

이 서먹한 것들 가운데 꽃이 아닌 내 이름이 불릴 때, 여전히 난 그쪽을 향해 고갤 돌리고. 거기엔 늘 빛을 등진 채 웃으며 손 흔드는 사람. 그의 머리를 쓰다듬는 저 섬광이 곧 누구를 뚫고 지나가게 될지는 내가 잘 알고 있고. 어떤 장면은 삶 속에서 잇따라 반복되는구나, 하고 생각합니다. 다 시들었다 여긴 감정이 어느새 되살아나 그걸 다시 기르고 가꾸자 마음먹는 일에 관해서도. 그리고 그 일이 얼마나 아름다우면서 끔찍한 일인 건지도.

이런 때 난 내 심장 위에 지은 집 앞으로 바투 다가서는 느낌이 듭니다. 또다시 문 앞에 서서 힘껏 두드릴 차례. 가을도 아닌 내가 처음 보는 꽃만을 그러모아 다발로 쥔 한 손은 뒤에다 숨기고. 이제 그 사람의 이름을 정확히, 또박또박.

내 것이 모자라다 말할 수 없겠지요

오종길
—

『DIVE』『지구과학을 사랑해』『겨울을 버티는 방』 등을 썼다.
후암동의 작은 책방 스토리지북앤필름에서 일하며,
일인 출판사 시절을 운영 중이다.

한 계절이 가고, 다가오는 계절을 맞이하며 청소를 했습니다. 이불과 베개 커버를 벗겨 세탁기에 넣어 돌린 뒤 선풍기와 에어컨까지 분리해 깨끗이 닦았습니다. 활짝 열어둔 창문과 현관 너머에서 불어 들어오는 바람이 꽤 찬데도 이마엔 땀이 맺혔습니다. 바닥을 닦다 말고 주저앉아 방 안을 둘러봅니다. 뺨을 스치는 바람에 바뀐 계절의 기운이 묻어납니다. 바깥에서 들려오는 행인들의 목소리와 벽으로 내려앉는 갸름한 빛을 바라봅니다. 알 수 없는 감정이 휘몰아칩니다. 문득 떠오르는 장면이, 시절이 있습니다. 그것을 떨쳐내려 다시 몸을 일으킵니다. 이번엔 부엌 찬장을 열어 컵들을 정리하고 이가 나간 접시를 골라냅니다. 양념봉을 닦다 보니 유통기한이 지난 것들이 보입니다. 이참에 냉장고 정리까지 해보는데 언제 이만큼의 시간이 흐른 건지, 기한이 한참 지난 물건이 한 무더기입니다. 망설이지 않고 모조리 쓰레기통에 버립니다.

저녁에는 동네를 산책했습니다. 남산 아래 소월길을 따라 걷다 노을을 한참 바라보며 헛헛한 마음을 달래봅니다. 해방촌 오거리의 분주함을 비켜 후암동으로 내려와 마트에 들러 장을 봤습니다. 두부와 애호박을 고르고 버섯도 담은 뒤 양념 코너를 서성이는데 유통기한이 지난 상품이 보였습니다. 버젓이 진열되어 있지만 더는 유통될 수 없는. 이처럼 세상 모든 것에는 유효한 시간이 있을 것입니다. 당신을 사랑하던 내 마음도 그랬던 것일 테죠. 내 사랑의 유통기한은 2년이었습니다. 방부 처리를 한다 한들 영원할 수 없는 것이 혼자 하는 사랑이기에 2년이 지나 더 이상 가치가 없어진 마음을 그렇게 정리했습니다.

하지만 마음이란 것이 이 나간 접시나 상한 양념처럼 쓰레기통에 아주 버릴 순 없는지라 옷에 밴 냄새처럼, 혹은 연고를 발라도 남아있는 깊은 상처의 상흔처럼 이토록 잔잔하게 곁을 맴돕니다.

장바구니를 내려놓고 일인용 소파에 앉아 생각에 잠깁니다. 저는 당신을 사소한 마음으로 그립니다. 조금, 보고 싶기 때문입니다. 각종 노포에서 우리는 얼마나 많은 술을 마셨던가요. 내게 건네준 데자와는 또 얼마나 따뜻했던가요. 도산대로를 내려다보며 먹은 아이스크림과 그날 찍은 스티커사진 속 웃는 얼굴이 이토록 생생하네요. 야쿠르트 할머니를 그냥 지나치지 못해 가장 비싼 쿠퍼스를 봉지 가득 사버리던 당신인데, 그렇게 주는 것에 인색하지 않은 당신인데 내게 당신 마음만은 줄 수 없었던 것이겠지요. 소파 옆에 놓인 강아지 인형을 끌어안고 가쁜 숨을 골라봅니다.

아무도 없는 방, 이중창으로 스며드는 달빛, 적요

한 밤이 찾아왔습니다. 무어라도 소음이 필요할 것 같아 여행스케치의 <별이 진다네>를 틀어봅니다. 가을에 잘 어울리는 노래잖아요. 당신 생각이 나기도 했고요. 시작한 김에 당신을 추억하는 일에 시간을 조금 더 할애해 봅니다.

퇴근길 조수석에 나를 앉히고 둘만의 밀회 장소를 탐색하던 밤을 추억해 봅니다. 마주 앉아 먹은 늦은 저녁과 서로를 채워주던 잔. 압구정동과 마장동, 그뿐인가요. 서울 곳곳에 남긴 우리들의 이야기는 수도 없이 많죠. 그 모든 순간, 모든 장면을 문장으로 남기려면 복수형으로 써야 합니다. 우리가 함께한 많고 많은 이야기를 당신은 얼마나 기억하고 있나요. 그 작고 사소한 하나하나를 모두 소중하게 간직하고 있는 저는 사실 어떤 단어도 복수형으로 쓸 수가 없습니다. 무엇하나 허투루 대하지 않았기에 저마다 고유하게 적어야 합니다. 하여 당신과 함께한 시절의 모든 장면들은 각각이 유일한 형태로, 단수형의 문장으로 새겨지고 맙니다.

    함께 웃을 수 있어 행복했던 건 분명합니다. 토라지거나 울적한 당신 주변을 맴돌던 나는 당신에겐 너무 사소한 존재였을지 모르겠습니다. 그러고 보면 나 또한 당신을 아주 조금 좋아했을 뿐이었던 것도 같은데. 이런 문장을 떠올리고 만 내 마음에 와르르 무너져 버립니다. 아니, 그랬습니다. 정성을 다해 쌓아 올린 모래성이 무너져 내릴 때 손 쓸 수 없던 어린 시절의 나처럼 절망했죠. 그럼에도 다시 짓기를 반복했고요. 아무래도 이건 사소한 마음이 아니었나 봅니다. 열과 성을 다해 당신을 참 많이 좋아했음이 분명합니다. 다행이라 적어도 되는지요. 지금은 그렇지 않은 날들을 살아가니까요.

    그땐 걷잡을 수 없이 당신에게로 내달리는 마음에 고통스러운 밤을 여럿 보냈습니다. 힌 사람을 사랑하는 마음이란 이다지도 뜨거운 것일까요. 어쩌다 당신을 사랑해버린 것일까요. 이 모든 것을 포기하고 싶은 적이 많았습니다. 당신을 떠난다면 가능할까요. 아니, 내가 당신을 떠나 살아갈 수 있을까요. 열병 같은 청춘을 그만두고 싶었습니다. 팔팔 끓어 넘치는 냄비처럼 저는 그것을 망연히 마주할 수밖에 없었습니다. 뜨거운 냄비를, 가스레인지로 흐르는 물을 어찌할 도리가 없었던 것이지요.

어쩌면 영원히 당신을 잊지 못할지도 모르겠습니다. 하지만 우리 만나지는 말아요. 그냥 이렇게 한때의 뜨거웠던 시절로, 너무나도 열렬했고 순수했던 사랑으로 당신을 간직하겠습니다. 버려도 버려지지 않는, 잊으려 할수록 선명해지는 조금 이상한 것쯤으로 당신을 남겨두겠습니다. 가을은 짧으니 오늘 같은 하루도 금방 잊히겠죠. 이내 겨울이 찾아올 테니까요. 휘몰아치고 바람에 흩날리다 문득 고갤 들었을 때, 어두운 거리에 잔잔히 내리는 눈송이를 마주한다면 다시 생각날지도 모르겠습니다. 그 사이에서 단 하나의 눈송이를 찾을 수 있을 거란 보장은 없습니다. 식어버린 마음이 되어 무감하게 지나쳐버릴 수도 있겠습니다.

이듬해 봄엔 흰 꽃이 망울진 거리를 걸을 생각입니다. 맑은 눈물이 도르르 굴러갈 테죠. 사랑이라 부를 수 있는지 고민하던 때는 지났습니다. 내 마음이, 내가 간직하고 있던 그것이, 그러니까 내 것이 모자라다 말할 순 없을 텝니다. 내 그것은 결코 작지 않고 도리어 너무 큰 나머지 버거울 테니까요. 눈부신 시절을 만들어 준 덕에 더없이 환한 곳을 걸어갈 수 있게 되었습니다. 당신이라는 한 시대를 담은 책을 마무리할 때 쓴 문장으로 대신합니다.

"그해 겨울, 그가 없는 레스토랑에 홀로 남아 생각했다. 내색하지 않았지만 나를 위해 애써준 마음들이 보였고, 그러자 내 마음도 윤곽을 드러내기 시작했다.

한 줌 블루베리 같은 사랑이었다. 하나씩, 조금씩 아껴 먹었다. 유난히 습했지만, 그해 여름은 내게 온통 상쾌한 기억으로 남은 덕분으로 금번엔 아주 깊은 곳까지 뛰어들 수 있겠다."

아끼지 않고 입 안 가득 털어 넣어도 남을 만큼의 내 것으로 깊은 곳까지 뛰어들겠습니다. 계절이 저무는 동시에 다음 계절이 다가옴을 아는 제게 두려울 건 없습니다. 젊은 영혼을 다해 지나온 시대를 뒤로하고 내 앞의 사랑으로 가겠습니다. 부디 당신이 머무는 그곳에도 사랑이 있기를.

*이 글은 『DIVE』에 수록되지 않은 원고 일부를 포함하고 있습니다.

이듬해 봄엔 흰 꽃이 망울진 거리를 걸을 생각입니다. 맑은 눈물이 도르르 굴러갈 테죠. 사랑이라 부를 수 있는지 고민하던 때는 지났습니다. 내 마음이, 내가 간직하고 있던 그것이, 그러니까 내 것이 모자라다 말할 순 없을 텝니다. 내 그것은 결코 작지 않고 도리어 너무 큰 나머지 버거울 테니까요. 눈부신 시절을 만들어 준 덕에 더없이 환한 곳을 걸어갈 수 있게 되었습니다.

상실의 시대

그린

―

작고 여린 것들을 사랑합니다.
자연스러운 것을 좋아합니다.
아름다운 것을 동경합니다.

책장을 둘러보다 오랜만에『상실의 시대』를 꺼내 들었다. 여전히 그곳에는 내 주변을 맴도는 생각들과 함께해 주는 그가 있다.『상실의 시대』는 나에게 있어 첫사랑이다. 내가 사랑한 첫 문학 작품이고, 무라카미 하루키는 내가 처음으로 사랑한 작가이다. 결정적으로, 나의 첫사랑이 사랑한 작품이다.

대학생 때 만난 나의 첫사랑인 그가 하루키를 좋아했는지 정확히 기억나지 않는다. 다만,『상실의 시대』를 좋아했다는 것만은 확실히 기억난다. 그는 심심할 때면 그 책을 꺼내어 아무 페이지나 펼쳐 읽는다고 했다. 나는 당시 문학에 대해 무지헸고, 하루키가 누군지도 몰랐다. 그저 내가 좋아하는 사람이 좋아하는 작품이라고 하니 얼떨결에 읽어보겠다며 그의 책을 받아들고 집으로 갔다.

그의 손에 닿아 읽히고 읽힌 탓인지 표지가 살짝 너덜너덜해져 있었다. 처음엔 펼쳐 볼 생각조차 들지 않아 며칠인가 책장에 가만히 세워두었다. 그러다 오늘은 읽고 싶지 않을까 하며 가방에 넣어두고 며칠인가 학교를 오갔다. 공부가 하기 싫었던 시험 기간의 어느 날, 문득 그 책을 열어볼 마음이 들어 학교 도서관에서 읽기 시작했다. 오랜 시간 읽기를 망설였던 것이 무색할 정도로 금방 이야기에 매료되었다. 시험 기간임을 망각하고 도서관의 폐장 시간을 알리는 안내 방송이 나올 때까지 책을 읽었다. 그다음 날도 수업이 끝나면 도서관에서 책을 읽었다. 순식간에 읽을 수 있었다. 나는 당시 하루키의 작품을 명확하게 이해할만 한 사람은 아니었기에 작품의 대단함 혹은 그 속에 담긴 깊은 의미는 알지 못했다. 그저 난 그 책을 읽었고, 감각했다.

그때의 분위기를 기억한다. 유독 힘들었던 시기였다. 책 속의 문장과 이야기가 나의 세상과 맞닿아 있다고 느꼈다. 다정한 우울함과 공허함, 사랑에 대한 고뇌, 혼돈과 같은 이야기들이 나를 어루만져 주었다. 책을 읽었고, 몸으로 느꼈다. 위로를 받았다. 그 이후로 하루키의 책을 몇 권인가 닥치는 대로 읽었다. 분명하게 내용을 기억하거나, 명확하게 의미를 이해하지 못했지만 어쩐지 책을 덮고 나면 늘 위로받았다. 대학교 때 나는 그의 여러 작품을 온몸으로 느꼈다. 순수한 마음으로 문장들을 받아들였다. 그 시절 나는 말간 얼굴을 한 망아지였다. 살아있는 여자였다. 미도리였다.

나는 첫사랑이었던 그를 참 좋아했다. 그는 성실하고 다정한 어른이었고, 나는 그저 무한한 사랑을 가진 망아지였다. 사랑이 무엇인지도, 하루키가 누군지도 몰랐다. 그는 그런 나와 같은 보폭으로 발걸음을 맞춰 걸어주며 세상을 알려주었다. 나는 그와 함께 걸으며 어른으로 자랐다. 그는 찬 바람이 사그라든 봄날에 만난 나카메구로의 벚꽃이었다. 어둑어둑해진 여름날 밤, 아르바이트를 끝내고 걸었던 히요시의 구불구불한 골목길이었다. 살아있는 여자였던 나는 내가 가진 사랑을 꺼내어 뜨거운 모양으로 그에게 주었다. 내가 내어줄 수 있는 가장 날것의 모양이었다.

    시간이 지난 지금 다시 『상실의 시대』를 꺼내어 읽었다. 어째서 분명 읽었던 책인데 내용이 생경했다. 지금은 몸이 아닌 머리로 책을 읽어보려 했다. 그를 만난 이후로 문학에 관심이 생겨 몇 권의 문학 작품들을 읽어서일까, 그 덕분인지 하루키가 조금은 가까이에 다가와 준 기분이 들었다. 읽다 보니 첫사랑인 그가 자연스레 떠올랐다.

그 시절의 나는 그를 이해하지 못했다. 애매한 온도의 따뜻함이 아니라 뜨거움을 달라고 했다. 그 온도가 딱 좋은 것인 줄 몰랐다. 다정은 그리 뜨거운 것이 아니었다. 오랜 시간이 지난 지금에서야 비로소 그를 조금 이해할 수 있을 것 같은 기분이 들었다. 그런 생각이 들었을 때쯤 그의 결혼 소식을 들었다. 결혼해서 누군가의 남편이 되었고, 행복하게 잘 지내고 있다고.

그는 항상 나에게 "사람들은 각자 그들만의 지옥에 살고 있다."고 말했다. 그렇게 말했던 그가 결혼을 했다면 서로의 지옥을 영원히 함께한다는 약속인 걸까? 나보다 어른인 그는 여전히 다정한 걸음으로 그의 길을 걸어가고 있을 것이다. 나는 아직도 어른이 되지 못한 망아지인데. 여전히 걷는 게 어렵고, 잘 다듬어진 길이 아닌 들꽃과 풀들이 무성한 풀밭으로 걷고 있는데 말이다.

그는 아직도 『상실의 시대』를 좋아할까? 나는 이제야 그 책을 조금 이해하기 시작한 것 같은데. 여태 내게 세상은 어렵고 모르는 것들이 많다. 그에게 빚을 지고 자라났고, 나는 계속 자라고 있는 중이다. 레이코씨도, 와타나베도, 나도 살아있고 계속 살아가는 일만을 생각해야 하는 것이다. 그도 그의 방식으로 살아가기를, 사랑하기를, 행복하기를 바랄 뿐이다.

이미 슬픈 마음으로 너를 본다

이아로

―

아로새기고 아로새겨지기 위해 기록합니다.
저서로는 『이렇게 새벽을 표류하다 아침을 맞이하겠지』와
『사랑이 창백할 수도 있지』, 스토리지 에세이 시리즈 11 『베르가못 샤워』가 있고 여성 퀴어 에세이집 『언니는 어느 계절에 있나요?』를 엮었습니다.

사랑을 마땅히 사랑할 수 있기를.

정신병자들끼리 무슨 사랑이야.

너를 아는 나는 함부로 단언했고 나를 아는 너는, "그래서?" 일렁대는 눈으로 이쪽을 응시했다. 그래서, 라니. 당연한 게 아니었나. 서로에게 구원을 바라고 구원자가 되어주겠다는 그런 맹세 놀이를 하자는 건 아닐 테고. 너의 의중을 알고 싶어서 눈을 맞췄다. 일렁이던 눈이 서서히 고요해진다 그리고 또렷해졌다. 시선은 내 속눈썹과 미간 언저리에 닿아있는데 바늘로 찌르는 듯한 통증은 가슴팍에 드는 걸까 왜. 네가 꿰뚫어 보고 있는 것이 무엇인지 얄팍한 나의 속셈으로는 알 수 없었다. 네가 어떤 말을 망설일 때마다 윗입술과 아랫입술이 떨어지는 소리가 났다. 모든 신경이 너에게 향해있다는 것을 깨달았다. 예리한 어떤 마음을 숨기는 사람처럼 무미한 목소리와 표정. 뻣뻣해진 분위기를 모면하기 위해 연인의 옷깃을 잡고 부리는 앙탈처럼, 비스듬히 솟아오른 너의 오른쪽 눈썹을 콕 잡고 싶어져서 지문이 간질거렸다. 아아, 단단하고 먹음직한 눈. 너는 어떻게 단 한 번의 상실도 느껴본 적 없는 사람처럼 굴 수 있는 건지 계획된 안도감이 들었다. 너의 그 눈을 확인하는 것까지가 나의 수작이었다면 너는 뭐라고 말할지 궁금해졌다. 아마도 그 답을 확인하는 것까지가 나의 계획일 텐데. 어리고 여린 네가 나의 어느 구석까지 버텨낼 수 있을까. 어리고 여린 너라서 아무것도 아니라는 듯 견뎌낼 수 있지는 않을까. 지난날 삼켜 온 알약의 개수를 입 안으로 헤아리다 한 모금의 술로 텁텁한 입을 헹궜다. 목울대가 두근거렸다.

"음, 너무 좋아해서 시작조차 하고 싶지 않은 마음 알아? 좋아하는 마음은 때때로 자신을 망가트리기도 하잖아. 그러니까…" 너는 끝내 나를 망가트릴 거야 보란 듯 인지조차 하지 못했던 것을 찾아내 부서트리고 깨트리고 짓이기고 뭉개버릴 거야 더는 회복할 수 없을 거야 너를 원망하게 될 거야 싫어 또다시 죽고 싶어질 거야 정신병에 또 다른 정신병과 정신병을 얻고 나는 그 무엇도 사랑할 수 없는 불구가 되고 그건 너무 끔찍하지 않아? 그러니까 너를 갖고 싶어지기 전에 나를 버려줘. 미련조차 둘 수 없을 만큼 비참하게 끊어내줘. —차마 꺼내고 싶지 않은 지저분한 속내를 입 안에 가두었다. 어금니를 앙다문 턱이 뻐근해졌다.

    너와 마주하고 있으면 이번만큼은 다를 거라는 애착 혹은 애착을 욕망하는 집착이 자꾸만 부풀어 오른다. 하는 수 없이 마음을 쏟아버리고 싶다가도 네가 감당할 수 없을 만큼 너에게 기대하거나 기대어버리게 될까 봐 겁이 났다. 너는 알까, 내가 너를 얼마나 염려하는지. 걱정하고 아끼는지. 그러므로 나는 너의 말을 믿지 않는다, 않을 것이다. 그런 다짐으로 진심의 모서리에서부터 조금씩 조금씩 너를 떼어내야만 했나. 객기이거나 치기 그게 아니라면 순간의 호기. 그런 가벼운 마음이 아니라면 슬픔이 아닌 마음으로는 우리가 마주할 수 없을 것만 같았다. 그래서 이미 슬픈 마음으로 너를 본다.

"언니. 사랑이라는 게 다 그런 거잖아."
"그래, 사랑이라는 건 다 그런 거지."
마침표를 끝으로 재생되던 음악이 멈춘다. 모든 사물이 집중하는 가운데, 영원의 부재를 이야기하며 서로는 혀끝에 맺힌 쓸쓸함을 뒤섞었다. 사랑은 한시적이라는 것을 잘 알면서도 영원한 것은 없다고 덤덤히 말하는 너에게 느끼는 모순적인 상심. 나는 영원을 믿지 않아도 너는 믿어주기를 바라는 비겁. 너는 못내 영원을 말해줬으면 좋겠어. 자리를 벗어나려는 너의 소매를 붙잡았다. 사랑을 해도 될까. 나는 너를 보고 너는 나를 바라본다. 서로의 시선은 안타까운 사랑을 점화시키는 부싯돌 같은 것이었다.

삶이 너를 학습한다. 너의 모든 시간과 모든 여가.

사용하는 단어와 표정, 음성, 말을 고르는 눈동자마저도. 그 무엇보다 나를 바라보는 시선의 온도 같은 건 정말이지 알고 싶지 않았는데. 우산 아래에서 젖어 드는 어깨처럼 몸과 마음이 젖는다. 네가 있는 삶이라면 앙상한 뺨이 무색하게도 흰 쌀밥이 달고 빈속에 커피를 마시기 전 너의 잔소리를 떠올려 무엇이든 먼저 씹어 삼킨다. 불안으로 뒤척이는 밤에는 너의 온기를 빌려 가슴팍을 다독이고 그렇게 나는 너를 애달파 하고.

우리는 서로의 숨이 닿는 거리에서 대화를 나누었다. 아, 먹음직한 눈. 너의 가장 연약한 곳을 맛보고 싶다는 생각이 들었다.

모든 정황이 사랑을 말한다. 뛰는 심장과 무너지는 이성, 대가 없는 평안과 낯선 조바심. 달아오르는 혀와 저릿한 어금니마저도. 사랑의 증거로써 이 정도면 충분하지 않은가. 건조한 입술을 잘근잘근 씹으며 사랑에 부역하는 방어적 기제에 대해 골몰했다. 나는 왜 나를 힐난하는가. 조롱하고 학대하며 매몰시키는가.

사랑을 사랑할 수 없도록 하는가. 빈곤과 궁핍, 초라함 따위로 사랑할 자격을 논하려 하는가. 인간의 뇌는 고통과 기쁨을 같은 방식으로 처리한다는데, 사실은 이 모든 것이 사랑을 불안으로 착각해버린 것에서 오는 일시적인 오류일지도 모른다는 생각이 들었다. 사랑의 주제는 사랑이 아니었던가. 오직 사랑만을 생각하기에는 너무 많은 두려움이 든다. 너와는 헤어지고 싶지 않아. 이렇게 나는, 이렇게 슬픈 마음으로 너를 본다.

다정하게

뭉근하게 끓이는 카레 | 이찬호
토할 것 같은 내 사랑 | 에리카깖
15년과 10년 | 나나영롱킴
당신과의 순간을 | 김롯벋
사랑에 서툴러서, 내가 미안해 | 장하련

뭉근하게 끓이는 카레

이찬호

―

사랑이란 무엇인지 알다가도 모르겠지만,

그럼에도 사랑에 대해 말하곤 합니다.

현재는 대학에서 의상을 전공하고 있으며

언젠가 제가 만든 옷에서도 사랑이 묻어나기를 꿈꾸고 있습니다.

동동이와 함께 저녁으로 먹을 카레를 끓이면서 사랑이야말로 뭉근하게 끓은 카레 같은 것이 아닐까 하는 생각을 했다.

그저께 동동이가 우리 집에 놀러 왔다. 동동이가 오는 건 보통 때라면 주말 저녁이지만, 이번에는 내가 월요일 오전까지 제출해야 하는 기말 과제들이 있었기 때문에 거의 밤을 새우느라 월요일에 오게 되었다. 동동이와 나는 언제부턴가 그가 우리 집에 오는 날에는 집에서 음식을 직접 만들어 먹는 게 우리의 집 데이트 루틴이 되었다. 우리는 대체로 자취생들도 만들기 쉬운 요리 위주로 해 먹는다. 그중에서도 우리가 가장 많이 한 요리는 바로 '카레'다. 카레는 조리가 어렵지 않으면서도 우리가 만든 저녁 식사 중 가장 만족도가 높은 음식이었기 때문에 자연스레 우리는 카레를 자주 해 먹게 되었다.

　우리는 이날 저녁도 카레를 만들기로 정하고, 함께 집 앞에 있는 마트에 가서 필요한 재료들을 하나둘 찾아 집었다. 제일 중요한 양파부터 카레에 넣을 닭고기, 얹어 먹을 치즈돈가스까지. 계산하기 전 부족한 재료들이 없는지 한 번 더 생각한다. 그렇게 빠진 것 없이 장보기가 끝나면 우리는 집에 돌아와서 각자의 역할을 나름 정한 다음 함께 저녁을 준비한다. 가장 먼저, 사 온 재료들을 분류해 냉장고에 넣는다. 날씨가 한여름만치 더웠기에 우선 각자 씻기로 했다. 동동이가 먼저 샤워를 하는 동안 나는 양파를 손질했다. 먹을 만큼의 양파를 꺼내서 뿌리를 자르고, 껍질을 벗기고, 손질한다. 우리가 만드는 카레는 양파를 캐러멜라이징해서 넣는다. 캐러멜라이징 된 양파는 부피가 엄청나게 줄

어들기 때문에 둘이서 먹을 것이지만 양파 4개를 썰었다. 양파를 다 썰고 팬에 올릴 때쯤 동동이 샤워가 마침 끝났다. 나는 팬에 불을 올리고 소금과 설탕을 넣었다. 그렇게 양파 볶을 준비를 끝내고 내가 씻을 차례가 됐다. 나는 동동이에게 양파가 타지 않게 볶아달라고 부탁한 뒤 뒷정리를 후딱 끝마치고 샤워를 했다. 캐러멜라이징 양파는 세지 않은 불에 양파의 수분을 전부 날려 보내고 색이 황갈색으로 변하며 단맛이 우러나올 때까지 타지 않게 계속해서 휘적이며 볶아주어야 한다. 그래서 만드는 데 시간과 정성이 매우 필요한 작업이다. 동동이에게 부탁한 뒤 정리부터 샤워까지 약 20~30분 정도 걸렸을까. 내가 샤워를 끝마치고 나오니 양파가 너무나도 맛있어 보이게 볶아져 있었다. 방에도 달콤한 양파 냄새가 가득했다.

이제 진짜 카레를 만들 차례, 나는 스텐팬을 예열한 뒤 해동해 두었던 닭가슴살을 구웠다. 팬에 달라붙

으면서 바닥이 살짝 타는 느낌이 들면 불을 조금 줄인다. 그다음 물을 살짝씩 넣어주면서 팬에 붙은 부스러기를 디글레이징 해준다. 유튜브 요리 채널을 통해 어렴풋이 들은 얘기지만 그렇게 하면 요리의 풍미가 더 깊어진다고 한다. 볶은 닭고기가 다 익었을 때쯤 동동이가 타지 않게 계속 저어주며 만들었던 양파를 넣는다. 그다음 우유와 약간의 치킨스톡, 그리고 고형 카레, 파프리카 가루를 뿌린 뒤 카레가 잘 풀리도록 계속 저어준다. 뭉근하게 끓이는 카레를 동동이가 계속 젓는 동안 완전히 까먹고 있던 치즈돈가스도 급하게 에어프라이어에 튀겨준다. 그리고 마지막으로 상부 장에 있는 즉석밥을 꺼내 전자레인지에 돌리면 정말로 저녁 식사가 완성된다.

보기 좋은 점도로 졸여진 카레 위로 돈가스와 밥을 올려 그럴듯한 플레이팅까지 마무리한다. "너무 맛있겠다." "만들수록 더 맛있어지는 거 같다."라는 말을 늘어놓으며 우리는 이리저리 사진을 찍고 곧바로 수저를 들고 한 숟갈씩 카레를 떴다. 입에 넣고 씹자마자 맛을 음미하며 우리는 눈을 마주 보았다. 이번에도 성공적이라는 뿌듯하고 만족스러운 표정과 함께 우리는 "맛있다."를 연신 내뱉으며 깨끗하게 팬 바닥이 보일 때까지 전부 긁어먹었다.

종강을 한 날이라 기분이 좋았던 걸까, 더운 날에 상쾌하게 씻고 나온 덕일까, 오래간만에 우리 집에 동동이가 놀러 와서 그랬을까. 그날 저녁을 만드는 시간이 이전보다 유달리 더 즐겁고, 행복하게만 느껴졌다. 더운 가스 불 앞에서 양파가 타지 않도록 저어준 동동이에게 고마운 마음, 우리가 같이 만든 저녁을 함께 먹으면서 느꼈던 안정감과 함께. 앞으로도 쭉 이렇게 오늘은 무엇을 먹을지 고민하면서 저녁을 차려 먹는 즐거움을 느끼고 싶다고 생각했다. 사랑으로 끓여 낸 카레에서는 그 어떤 카레 전문점에서도 느낄 수 없는 단맛이 났다. 그건 양파에서 나는 단맛이 아니라 사랑에서 나는 단맛이었다.

양파 볶을 준비를 끝내고 내가 씻을 차례가 됐다. 나는 동동이에게 양파가 타지 않게 볶아달라고 부탁한 뒤 뒷정리를 후딱 끝마치고 샤워를 했다. 캐러멜라이징 양파는 세지 않은 불에 양파의 수분을 전부 날려 보내고 색이 황갈색으로 변하며 단맛이 우러나올 때까지 타지 않게 계속해서 휘적이며 볶아주어야 한다. 그래서 만드는 데 시간과 정성이 매우 필요한 작업이다. 동동이에게 부탁한 뒤 정리부터 샤워까지 약 20~30분 정도 걸렸을까.

내가 샤워를 끝마치고 나오니 양파가 너무나도 맛있어 보이게 볶아져 있었다. 방에도 달콤한 양파 냄새가 가득했다.

토할 것 같은 내 사랑

에리카퐑

텍스트 셰프. 미식 콘텐츠 에디팅, 카피라이팅 등
텍스트로 요리조리 맛깔난 글을 쓴다.
요리와 게더링을 기반으로 한 여러 가지 모임을
기획하고 운영하는 '요리먹구가'로 활동하기도 한다.

내 나이 서른셋. 나는 인륜지대사 그 어떤 것에 관해서도 '적정기'는 없다고 믿는 밀레니얼 세대이지만, 베이비부머 세대인 부모님은 나를 과년한 딸이라고 표현한다. 정말 너무한 단어다. 과하게 나이를 먹었다 이거다. 과년하다는 말에는 동의할 수 없지만 실로 한 달 걸러 청첩 모임 또는 결혼식 스케줄이 생기는 나이인 것은 사실이다. 이미 결혼한 친구들은 둘째 아이를 낳을지 말지, 묶느니 마느니 고민하고 어떤 친구들은 오래 사귄 사람과 마침표를 찍을지 말지 고민한다. 결혼하면 결혼한 대로 고민을 갖고 있고, 미혼 커플이라면 또 그 나름대로 고민을 갖고 있는 주변인들을 둔 싱글의 나로서 아무 문제가 없다고 마냥 싱글벙글하기에는 어쩐지 이런 기분이었다. 마치 모두가 코로나 바이러스에 걸릴 때 아무 증상도 없는 사람의 건강함처럼 어쩐지 즐거운 것 같다가도 어쩐지 고독한 것이었다.

혼자라는 것이 건강한 즐거움처럼 느껴지다가도 누구도 파고들 수 없는 튼튼함이 어쩐지 야속할 지경이라고 느껴질 즈음. 끝나지 않을 것 같던 코로나 시기보다 더 길고 길었던 솔로의 시기가 종식됐다. 마침내. 튼튼해서 야속했던 내 면역체계를 뚫고 나에게 파고든 사람이 나타난 것이다. 나는 그 사람을 그이라고 부른다. 그이는 외국인이다. 나는 외국에서 건너온 이름 모를 병에 걸린 것 같았다. 토할 것 같았다. 지금 내 사랑을 보여주고 싶은 마음을 참을 수 없어서 여기저기 토해냈다. 처음으로 인스타그램에 그이와 손을 잡은 사진을 올리자마자 사람들은 자꾸 세상을 멈추려 들었다.

"잠깐만요."

"잠시만요."

"세상아 멈춰."

오랫동안 튼튼했던 한 솔로의 다른 국면에 지인들은 일단 세상을 멈추고 어찌 된 영문인지 물어왔다. 나는 어느 때보다 근면하고 성실하게 그들의 질문에 대답했다.

"그렇게 됐지 뭐~"로 운을 떼고는 나의 러브스토리를 신나게 토해냈다.

토하기 직전 속이 울렁거리는 것처럼 시원하게 이 사랑을 토해버릴까 그냥 나만 알고 삼킬까 고민이 되는 적도 많다. 사람들의 관심을 기반으로 이런저런 일을 만들기도 하고 받기도 하는 프리랜서의 삶에서 인스타그램이라는 곳은 나를 표현하는 무대 같은 곳이자, 늘 고독하게 독립적으로 일해야 하는 인디 워커에게 유일한 사회이자 연결성의 행복을 충족시켜 주는 곳이기도 하다. 친구들뿐 아니라 모든 인간관계의 시작과 진행이 있는 곳. 그러나 예전 회사 사람들, 지금 나한테 일을 주고받는 관계자분들, 이제는 명절에도 보기 힘든 일가친척들까지 말 그대로 내가 살아오며 마주친 온 세상 사람들이 다 보고 있는 인스타그램 피드에 토할 것 같은 내 사랑을 모두 다 털어 내보이기는 어쩐지 좀 저어되는 것이다. 때마침 아주 시의적절하게 '쓰레드(Threads)'라는 것이 생겼다. 인스타그램에서 만든 트위터 같은 것이었다. 사진보다 짧은 문장을 시시때때로 올리는 곳. 옳거니! 그래! 너로 정했다! 나는 쓰레드를 사랑을 토하는 곳으로 마음먹었다. 그간의 행보 위주로 적었던 인스타그램의 프로필과는 달리 쓰레드 프로필에는 <사랑밖에 난 몰라>라고 써놓을 지경이었다.

SNS를 일기장이자 나를 돌아보는 역사책으로 활용하는 사람으로서 일상에서 벌어지는 큰 사건들은 기록으로 남겨놓고 싶었다. 한 번은 이 말을 해놓지 않으면 안 될 것 같았다. "요즘 내 근황은 사랑뿐이거든요.

사실." 실로 이때 근황이라고는 사랑에 빠진 나날밖에 없었다. 물론 다른 것들이 있었겠지만 추호도 생각이 나지 않는 것을 어쩌겠나. 인터넷 세상에 토해낸 내 사랑의 달콤함은 누리꾼들의 새콤함으로 되돌아왔다.

"미쳐~" "어우~" "우웩" 등등… 만 나이 서른셋의 새로운 연애란 당사자에게나 보는 사람에게나 토할 것 같은 것이었다. 친한 친구들일수록 생레몬을 입에 문 것처럼 잔뜩 얼굴을 일그러뜨리기도 했지만 내심 중독된 눈치이기도 했다. 그이에 관한 새로운 소식이 뜸해지면 "오늘은 뭐 없어?" "결방인가요?"라며 웹툰 연재 또는 연애 프로그램의 새로운 에피소드를 기다리듯 물어왔다. 새로운 사람을 만나 사랑을 시작하는 사람의 풋풋함은 아마도 주변에서 더 싱그럽고 자극적으로 느끼는 듯했다.

내 입장에서 이 사랑은 오히려 자극이 없었다 아마도 그이 이전에 만났던 사람들이 해로웠던 탓이다.

그네들은 늘 제 멋대로였다. 연락도, 의사결정도, 스킨십도 지들 맘대로였으니까. 좋아하는 사람을 만나면 늘 그네들에게 맞춰주려는 성향인 내가 문제라고 여겼고 그이를 만나기 전 누군가를 좋아하거나 사랑하기에 시작이 두려워지는 것도 이런 이유 때문이었다. 반면 그이는 항상 먼저 내 의사를 물었고 내 기분을 신경 쓰고 고민하고, 상의했다. 누우면 그대로 내 모습이 남는 메모리 폼처럼 내 테두리 하나하나를 부드럽게 끌어안는 느낌이었다. 뾰족한 구석 하나 없이, 어디 배기는 곳 하나 없이, 자극적인 나쁜 맛 하나 없이 포근하고 달기만 한 그이에게 나는 진심으로 궁금해서 이렇게 물었다. "자기는 어쩜 이렇게 Sweet 해?" 외국인 그이는 서툰 한국어로 내 건강을 걱정했다. "난 Erika께 당뇨병까지 주지 않기를 바라." 이 말을 들은 나의 심경을 걸그룹 에스파의 데뷔 초 영상 카리나의 대사를 빌려 이야기하고 싶다. "정말 심장 토하는 줄 알았어요." 대충 너무 귀여웠다는 뜻이다. 두 손 두 발 다 들었다. 아우~

난 모르겠다. 그이를 사랑하지 않는 방법. (이 글을 읽는 독자분들이 토하지 않기를 바란다)

맛 이야기가 나와서 말인데 그이는 맛을 만들 줄 아는 사람이다. (이렇게 그이 자랑을 시작해 본다) 요리와 게더링을 기반으로 모임을 기획하고 운영하는 일과 음식을 만들고 맛보고 이런저런 글을 쓰는 일을 업으로 삼고 있는 나보다도 복잡한 조리법을 잘 알고 있거나, 재료에 대한 감각이 좋아서 나를 놀라게 한 적이 왕왕 있다. 한 번은 사과를 사러 같이 무인 과일가게에 갔다가, 아보카도를 집어 들면서 "혹시 과카몰레 하면 어때?"라고 물어서 놀랐다. '앗쭈? 과카몰레를 만들 줄 아시겠다? 제법이야?' 맛을 잘 보는 사람은 많지만 맛을 만드는 사람은 보기 드물다. 많이 먹어본 경험보다도 요리해 먹어 본 경험치가 있어야 하니까. 각자 서로 혼자 살았던 경험이 있어서, 각지 스스로를 경영해 본 경험이 있어서, 각자 스스로를 먹여 살린 경험이 있어서 틈새로 새어 나는 말과 행동들로 그가 살아온 역사가 토로되는 것이었다. 이런 부분이 놀라움이자 장점으로 느낄 수 있는 연륜과 혜안을 가진 시기에 그이를 만난 것은 다행이자 행운이라는 생각까지 든다. 더 이른 나이였다면 분명 이렇게 놀랍지는 않을 터.

20대에는 잃어버린 내 반쪽은 어디 있을까 자주 생각했다. '어딘가 있겠지? 있긴 한 걸까? 태어나긴 한 걸까?' 나의 외로움이나 불완전함을 다른 사람에게 의지하고 채우려고 했던 것. 사람에게 상처받고 실망하면서도 내가 스스로 좋은 사람이 아니라는 생각이 들었다. 내가 스스로 좋은 사람이 되어야 다른 좋은 사람을 만날 수 있다는 걸 깨달았다. 어쩌면 너무 당연한 생각이지만 자기 연민이 자욱하게 눈을 가리던 시기에는 맑게 들여다볼 수 없는 마음이었다. 그래서 한동안은 새로운 관계를 시작하지 않고 나를 채우려고 했다. 토할 때까지. 나를 토해낼 수 있을 때까지. 사랑을 토해낼 수 있을 때까지. 여러 사람을 겪고 스스로에 대해서도 고민해 보며 나름대로 자아를 채우느라 고군분투하던 짜디짠 시기를 지나 타인에 대한 이해와 흡수가 용이하면서도 사랑을 토해낼 수 있는 충만한 나로 가득 찬 시기는 20대의 테두리를 벗어나서야 조금씩 보이기 시작했다.

30대가 되어 그이를 만나면서 드는 생각은 드디어 내 반쪽을 찾았다는 느낌보다 완전한 두 세계가 만나 더 커다랗고 풍요로운 하나의 세계를 만들어 간다는 생각이 든다. 만 나이 서른셋이 되어 시작하는 연애의 장점일지도 모르겠다. 베이비부머 세대에게는 과년한 나이이겠으나 밀레니얼 세대인 나에게는 정확히 알맞은 시기라고 생각한다. 서로의 세계가 어느 정도 탄탄하게 컸지만, 적절히 소금기도 들었고, 상대의 테두리를 흡수할 수 있는 촉감으로 적절히 발효된 상태. 그렇게 탄탄하지만 또 말랑해진 상태로 그이를 만나 참

다행이라는 생각을 아주 자주 한다.

    그이와 나는 서로에게 토한다. 사랑을. 자주 표현하고, 자주 토로한다. 가능한 상세하고 자세한 감정을 토로한다. 표현한다로는 부족하다. 우리는 사랑을 시시때때로 토한다. 마치 삼투압 현상처럼 서로의 농도를 뱉어내고 흡수해 가며 사랑을 주고받는다. 마치 절인 배추와 김치 양념이 얽히고설켜 염분을 뱉어내고 미생물을 얻어내고 서로의 당을 분해해 가며 발효하는 것처럼. 그이와 내 세계는 밀착되어 뽀글거리며 발효되고 있다. 한 포기의 묵은지처럼 고즈넉하게 익어가길 바랄 뿐이다.

15년과 10년

나나영롱킴

―

네이버에 검색해 보세요!
(제가 이렇게나 성장했습니다 여러분)

희미하고도 선명하게 가득한 사람이 있다. 너무나도 나와 오래된 사람. 확실하다 이것만은. 그리고 늘 곁에 아직 머물러 있는 사람이다. 어떻게 된 건지 모르겠지만 우리는 무수한 공백과 무수한 만남을 이어왔고 아직도 내 곁에 머물러주어 고맙다고 전하고 싶어졌다.

엊그제도 그는 나의 공연을 보러와 주었다. 우리는 그저 이렇게 나이 먹어가고 있나 보다. 어디서부터 어떻게 이야기를 이어 나가야 할 지를 모르겠다. 글을 안 쓴 지 너무 오랜 시간이 흘렀다 보니 어떻게 풀어나가야 나의 이야기가 잘 전달이 될지 의문이 든 상태에서 노트북 전원을 켰다. 그 아이, 제이와는 15년 전 처음 만났다. 나이는 3살 차이의 연하였고 내가 너무나 좋아하는 웃는 얼굴이 예쁜 사람이었다.

제이는 평범한 새내기 대학생, 그리고 나는 그때 당시 종로 바닥에서 꽤 유명했던 <휘>라는 바에서 매니저로 근무를 하며(지금은 종로에 넘쳐나는 게이 술집들, 하지만 그때 당시에 막 생긴 '호프집'이란 이름 말고 '소주방'이란 이름의 젊은 층들이 가는 술집이 몇 군데 없었다) 주말에 가끔씩 드랙퀸일(그때는 드랙퀸이 활동할 수 있는 무대가 많이 없었기에 가끔씩 파티가 있을 때만 드랙을 했다)을 하고 있던 23살이었다. 당시 나는 인디뮤직에 엄청나게 빠져있었고, 이소라의 골수팬(여전히)임과 동시에 에피톤프로젝트와 심규선, 옥상달빛과 디어클라우드 같은 홍대거리 충만한 느낌으로 하루하루를 낭만적으로 살던 어린 시절의 나 나영롱킴이었다.

제이 또한 비슷한 취향의 뮤직 코드를 갖고 있어

우리는 급속도로 가까워질 수 있었다. 아직도 기억나는 첫 데이트, 삼청동 <로마네꽁띠>라는 레스토랑이 머릿속에 스쳐 지나간다. 지금 글을 쓰면서 로마네꽁띠를 머릿속에 다시 떠올려 보았는데, 생생한 걸 보니 내가 제이를 많이 좋아하긴 했나 보다. 아직도 기억나는 창가 자리와 당시에는 너무나도 비싸게 다가온 파스타와 스테이크, 그리고 와인 한잔까지(계산은 내가 했고 그다음 날 굶었을 것 같은).

만남 어플로 만난 건지 소개로 만난 건지조차 이젠 기억이 나지 않지만 우리는 몇 번의 데이트를 하고 서로를 남자친구라 부르는 사이로 이어졌고 그 나이 때에 맞게 뜨겁고 즐겁게 연애했다. 그리고 우린 헤어졌다. (두둥)

너무 어릴 때 만난 그 아이와 나는 아무깃도 모른 채 서로에게 빠졌고 이유도 모르며 서로에게서 멀어져 그렇게 몇 개월간의 연애를 끝으로 남이 되었다. 만남의 기억도 희미하고 헤어짐의 기억도 흐릿한 우리의 첫 번째 연애는 그렇게 서로가 어린 20대 초반의 나이에 마무리가 되었다.

너무 어려서였을까. 아님 서툴러서였을까. 어렸기에 서툴렀을까. 어쩌면 내가 숨기는 게 많아서 그랬던 건지도 모르겠다. 시대가 시대인만큼 드랙퀸을 하는 나를 이해해 주는 게이는 많지 않았기에 나를 숨기면서 제이를 만났다. 그런 나에게 화가 나서였던 것도 같다. 그 후로 2~3년이 흘렀고 제이는 군인이 되었다. 종종 들려오는 소식을 통해 제이가 어떻게 지내는지는 익히 알고 있었다. 그렇게 건너 건너의 소식으로 잘 지내고 있다는 정도만 알고 있던 어느 날, 제이가 날 찾아왔다.

한껏 차려 입었지만 까까머리 때문에 누가 봐도

휴가 나온 군인이 잘 보이고 싶어 한다는 티가 나는 복장으로 찾아온 제이. 그런 제이가 얼마나 반가웠는지. 제이는 내가 일하는 바에 놀러 왔고 친구들과 춤을 추며 노는 와중에 시선은 날 향해 있던 걸 정확히 기억한다. 어느새 군인이 되어 예전의 풋풋한 모습이 얼마 남지 않은 그 얼굴이 얼마나 귀여웠던지. 하지만 제이는 발치에서 내게 뭔가를 말할 듯 안 할 듯 서성이다가 사라지고 말았다. 다음 날이었던가 그다음 날이었던가 제이는 또 나를 찾아왔다. 그때 느꼈을 것이다. 제이가 나에게 뭔가를 물어 올 것임을.

    명절 연휴가 연달아 있던 그때, 까까머리를 하고 휴가를 나온 제이는 나를 찾아와 말을 걸었다. 결심이 선 듯한 얼굴로, 아마도 많은 생각 끝에 내뱉었을 말은, 정확히 내가 짐작하던 것과 맞아떨어졌다. 나와 다시 만나고 싶다는 그 말.
    물론 난 가볍게 거절하였다. 한번 사귀었던 사람

과 또다시? 라는 걱정은 물론, 당시 빚에 허덕이고 있어 돈이 급했던 나에게 연애는 사치에 불과했다. 그 어느 때보다도 사랑이 필요한 시기였는데 말이다. 쓸쓸히 돌아서는 제이를 뒤로한 채 바를 마감하고 청소를 했을 따름이었다. 퇴근 후 집으로 가기 위해 이태원역으로 걷는데, 순간 저 멀리 역과 나란한 경찰서 앞을 서성이고 있던 제이가 눈에 들었다. 여기서 지하철을 탄다는 사실을 알고 있었는지, 거절당한 것이 내심 분해서 화풀이를 하고 싶었던 건지 나를 기다리고 있던 제이를 못 본 체 역을 향해 걸었다. 하지만 제이는 나를 붙잡고 마지막으로 쥐어짜듯 다시 만나잔 얘기를 한 번 더 꺼냈다. 촉촉한 눈으로 나를 보던 제이의 그 모습은 내 맘에 자리 잡은 명작의 한 장면으로 남아있다. 물론 이번에도 거절했다. 계단을 내려가며 뒤돌아봤을 때 엉엉 울고 있던 제이가 기억난다.

제이는 그날 이후 보이지 않았다. 이태원에 잘 놀

러 나오던 아이도 아니었고, 지인들이 겹치는 것도 아니라 지나가다 한두 번 마주친 게 다였을 것이다. 시간은 물 흐르듯 흘러갔다. 지금과도 변함없이 나의 20대는 아르바이트로 가득 차 있었기에 하루하루를 허덕이며 바쁘고 힘겨운 나날을 보내던 와중, 제이와 다시 재회한 건 2014년. 얼추 10년 전 지금쯤이었다. 9월 추석 연휴가 있던 주에, 제이를 다시 대면하였다. (두둥)

당시 훈련소 입소를 얼마 남겨두지 않고 있었던 나. 서울 생활에 허덕이며 살고 있던 나는 남들보다 조금 늦게 입대를 준비했다. 사실 공익근무요원으로(이제야 말할 수 있지만 사실 나나는 기초생활수급자였다) 가는 것이라 군대에 간다는 느낌이 확 들진 않았다. 어쨌거나 다가오는 추석과 훈련소 입소 앞에 술을 왕창 마셨던 날, 내 앞에 제이가 나타났다. 평소였으면 달랐을까. 분명 그전까지 보던 제이는 과거에 좋이했던 친구 정도의 감정밖에 남아있지 않았는데 그날은 분명 달랐다. (이래서 술 마시고 실수하는 사람들이 많은가 보다. vs 아냐 진짜 좋아했어. 두 감정이 싸우는 중) 무언가에 씐 것처럼 그간 나조차도 몰랐던 감정이 폭발함을 느꼈다. 내 앞에 서 있는 제이는 처음 만난 5년 전과는 다르게 어른이 되어 있었다. 성숙함이 묻어나는 그런 남자가 된 제이.

"괜찮아?"

그 말 한마디에 나는 제이를 붙잡고 그간 쌀쌀맞게 군 것에 대해 미안하다 연신 사과를 했다. 그날 우리는 오랜만에 서로 대화를 나눌 수 있었다. 제이의 어른스러운 모습에 나는 또다시 설렘이 가득 차버렸던 것 같다. 5년 전과는 다른 느낌이지만 또 같은 느낌으로 있는 그 아이는 너무나 사랑스러웠다. 우리는 남은 추석 연휴를 같이 보내며 다시 서로가 서로를 원한다는 것을 알게 되었다. 제이는 나를 계속 기다리고 있었던 것일지도 모른다. 몇 해 전 이태원역 앞에서 울고 있던 그때부터 말이다.

추석이 지나고 바로 입소를 했다. 입소 첫날부터 나는 이 안에서 제이를 위해 무얼 할 수 있을지에 대한 생각에 사로잡혔다. 할 수 있는 유일한 건 훈련일지에 매일매일 그 아이에게 편지를 쓰는 것이었다. 낮에는 훈련을 받고 저녁에는 제이에게 편지 쓰는 시간을 가지며 지내던 어느 날, 인터넷 편지가 도착을 했다. 조교가 도착한 편지들을 나눠주는데 유독 내 편지가 많아서 훈련생들이 날 동경의 눈빛으로 바라보던 순간도 기억난다. 내 편지의 절반은 제이였다. 그렇게 받은 편지의 답장을, 보내지도 못할 답장을 훈련일지에 써 내려갔다.

퇴소하는 날 제이는 나를 데리러 논산으로 왔다. 감격의 재회. (간단히 포옹만 했다. 이상한 상상 금지) 그와 함께 서울로 향하는 길에 그간 써 내려갔던 편지들을 봉투에 꽉꽉 채워 건네주자 환하게 웃는 제이와의 두 번째 만남이 시작됐다.

15년 전의 첫 연애와, 10년 전의 두 번째 연애.

두 번째 연애는 우리가 조금 어른이 되어서인지 서로가 조심하고 아껴주는 순간이 많았다. 그렇게 달달하고 애틋한 나날이 이어질 줄 알았지만, 우리는 또 이별하고 말았다.

그 뒤로 우린 정말 친구가 될 수 있었을까. 설명할 수 없는 묘한 감정이 뒤섞인 사이로 남았을까. 친구라고 단언하긴 어렵지만, 애정 어린 감정을 교류하는 사이로 우리는 지내고 있다. 어떻게 가능한 것인지 내게도 의문이다. 엊그제도 나의 공연을 보러 친구와 이태원을 찾아온 제이. 제이의 얼굴을 보면 어떤 감정인지 묻고 싶을 때가 있다. 가끔 제이의 무리에 끼어 술을 한 잔씩 마실 때면, 그 말간 얼굴을 볼 때면 말이다.

언젠가 술에 많이 취한 날 제이는 내게 말했다.
"사람들이랑 연애에 관해 이야기를 하면 제일 먼

저 떠오르는 게 형이야. 형에 대한 기억은 아무리 큰 사고가 나고 아무리 큰일이 일어나도 요기에 콕 박혀있어서(심장 아래쪽을 짓누르며) 형은 내가 절대 잊을 수 없는 사람인 건 맞아!"

제이에게 내가 그런 사람이라는 사실에 고맙긴 하지만, 지금 우리 사이가, 이 모호한 관계가 맞는 건지 나는 의문이다. 아직도 나는 제이를 목말라하고 있는지 나조차 알 수 없어 빙빙 돌아가는 기구에 올라탄 것처럼 어지러움 속에 살고 있는 느낌이다. 지금 제이에겐 남자친구가 있고, 나는 늘 장난처럼 "야! 헤어지고 나 다시 만나!"라고 말하지만 이게 나의 진심인지 아닌지는 나도 모른다. 연애는, 사랑은 내게 너무나도 어려운 숙제니까.

슬슬 나이도 차가고, 유명세도 높아지고 있는 이 시점에 연애는 그 어느 것보다 내게 부담스럽고 어려운 것으로 다가온다. 어쩌면 그래서 제이를 잊지 못하는 것인지도 모르겠다. 어린 시절부터 지금까지 서로의 순간순간에 함께했기에, 서로가 바라본 서로가 있기에, 뜨겁게 나눈 사랑을 기억하고 있기에, 강렬했고 소중했기에. 이 모든 걸 나눈 사이라 너무나도 편하게 제이를 마주할 수 있기에.

만약 우리가 다시 만나게 된다면, 그땐 결혼을 전제로 만나야 하지 않을까 하는 생각을 해본다. 하지만 세 번까지는 오바쎄바 아닌가 싶기도 하고. 아니 근데 못 할 것도 없잖아. 세상에 드랙퀸이 못할 게 뭐가 있나! 여전히 어려운 빙글빙글 세상 속 연애와 사랑의 굴레를 지나가며 내 소중했던 제이에게 한 마디를 남기며 마무리하고 싶다.

제이야.
내가 이 책을 너에게 선물로 주면, 너 또한 이 글을

읽으며 지난날의 나와 너를 다시 떠올리게 되겠지. 그때의 그 순간, 그 시절이 애틋하고 정겨울 것은 분명하기에 그걸로 만족한다 지금은.

우리의 젊은 날과 청춘에 나누었던 그 수많은 감정이 서로에게 빛이었던 건 사실이고, 어느 때보다 편해진 지금의 너와 내가 스스럼없이 지낼 수 있음에 나는 감사해.

남이 되지 않고 늘 내 주변에 있어 주는 너이기에 나는 그걸로 족해.

사랑했고 여전히 사랑한다.

이렇게 늘 건강하고 웃는 모습으로 내 옆에서 오래오래 지내주라.

이 책이 발간되기 전에도 우리는 만나서 웃고 떠들고 하겠지.

이 책이 발간되어 너에게 전해줄 때의 나는 얼마나 떨고 있을지.

귀엽게 봐주라.

우리, 격하게 사랑하면서 잘 살아가자.

옆에 있는 사람이 누가 되었든.

그때의 너와 나처럼.

희미하고도 선명하게 가득한 사람으로.

그 뒤로 우린 정말 친구가 될 수 있었을까. 설명할 수 없는 묘한 감정이 뒤섞인 사이로 남았을까. 친구라고 단언하긴 어렵지만, 애정 어린 감정을 교류하는 사이로 우리는 지내고 있다. 어떻게 가능한 것인지 내게도 의문이다. 엊그제도 나의 공연은 보러 친구와 이태원을 찾아온 제이. 제이의 얼굴을 보면 어떤 감정인지 묻고 싶을 때가 있다. 가끔 제이의 무리에 끼어 술을 한잔씩 마실 때면, 그 말간 얼굴을 볼 때면 말이다.

당신과의 순간을

김롯벌

글과 말로 사람들을 만납니다.
그리고, 오랜 사랑을 하고 있습니다.

"영원히 머물고 싶은 순간이 있나요?"

얼마 전에 영화 한 편을 다시 봤어요. 죽음에 관한 이야기를 다루는 한 일본 영화였죠. 이미 죽음을 맞이한 극 중 인물들은 위의 질문을 마주합니다. 그리고 곧 결정을 내려야 하는 상황에 놓여요. 단 하나의 기억. 이번 생에서 가져갈 딱 한 가지의 기억을 선택해야 하는 것입니다.

그들에게 주어진 고민의 시간은 저에게도 적용되었습니다. 영화의 러닝타임은 끝났지만 영화로부터 이어진 생각은 그칠 수가 없었어요. 만일 내가 그런 상황에 놓인다면. 물론 그런 일은 없겠지만 만에 하나라도 내가 지금 그런 상황에 놓인다면, 나는 과연 어떠한 기억을 선택할까- 하면서 말이죠.

사랑. 고민의 끝은 결국 사랑이었습니다. 사실 고민이라고 할 것도 없었어요. 지금의 저에게 사랑보다 중요한 순간은 없기 때문입니다. 8년이라는 시간 동안 한 사람을 만나면서 저는 사랑하는 감정이 얼마나 소중한 건지, 사랑받는 감정이 얼마나 행복한 건지를 정말 많이 배웠거든요.

10년 전 즈음, 그 영화를 처음 봤을 때가 생각납니다. 각자의 소중한 기억을 고르던 영화의 등장인물들이 저는 참 부러웠어요. 한편으로는 조금 의아하기도 했습니다. 영원히 머물고 싶은 낭만적인 순간이 있다는 것이 잘 이해가 가지 않았거든요. 아마 그 당시의 저는 선택할만 한 마땅한 기억이 도통 떠오르지 않았던 것 같습니다.

그도 그럴 것이, 과거의 저는 꽤 냉소적인 사람이었습니다. 낭만과는 전혀 거리가 멀었죠. 쌀쌀한 태도로 세상을 바라보는 데 익숙했고 애정을 주고받는 행동을 지나칠 만큼 망설였어요. 명확한 이유는 저도 알 수 없지만, 그게 곧 제가 버틸 수 있는 방법이라 생각했던 것 같습니다. 내면의 불안을 막기 위한 일종의 방어기제였겠지요.

하지만 애석하게도 그러한 모습은 조금씩 저를 외롭게 만들었습니다. 어떻게 보면 영원히 머물고 싶은 순간들을 제 손으로 밀어내고 있던 걸지도 모르겠어요. 저는 점차 감정이 없는 사람이 되어갔고 동시에 그런 저의 모습이 힘겹게 느껴졌습니다. 혼자서 살아갈 수 있다는 자신감도, 혼자서 해내고 말겠다는 열정도 어느새 흐릿해지고 말았죠.

그러던 저에게 그 사람이 다가와 주었습니다. 차

갑고 무심한 저와는 다르게 따숩고 섬세한 사람이었어요. 그런 서로의 낯섦이 호감으로 전해졌는지, 극단에 있던 그 사람과 저는 서서히 가까워졌습니다. 만남의 기간이 지속될수록 상대의 성향을 더 이해하게 되었고, 나아가 언젠가부터는 상대의 모습과도 닮아가게 되었죠.

물론 그러한 과정이 언제나 무탈했던 것은 아니었습니다. 여러 상황이 맞물려 서로에게 소홀했던 순간도 있었어요. 오해가 상처가 되고 갈등이 다툼이 된 적도 많았죠. 그럼에도 끝내 저희는 서로를 다시 찾았습니다. 사랑에도 노력이 필요하고 그 노력이 있어야만 사랑이 계속된다는 것을 몸소 깨달으면서요.

"어떻게 한 사람을 그렇게 오래 좋아하세요?"

그 사람과 만난 지 3~4년이 지났을 때부터 줄곧

비슷한 말을 들었습니다. 이제 그런 말을 들은 지도 꽤 오래되었네요. 그와 같은 질문을 받을 때마다 생각이 많아졌습니다. 제 안에서도 정리되지 않은 답을 서둘러 꺼내야 하는 기분이 들어서일까요. 그냥 좋으니까 그런 게 아니겠냐는 일차원적인 제 대답은 상대와 저 모두의 의문을 해소해 주지 못하더군요.

그랬던 마음이 이번에 그 영화를 보며 조금은 뚜렷해졌습니다. 영원히 머물고 싶은 소중한 순간들과 그 사람을 이토록 오래 좋아할 수 있었던 특별한 이유가 하나로 연결되면서요.

한번은 그 사람 옆에서 잠이 든 적이 있습니다. 시달리던 악몽 때문에 한동안 저는 선잠에 길들어 있었죠. 그런 나날이 반복되며 지쳐갈 즈음, 그 사람의 품을 느끼며 저도 모르게 눈을 감았습니다. 얼마나 지났을까요. 짙어진 하늘로 시간의 경과를 어렴풋이 헤아리면서, 제 옆에 곤히 누운 그 사람을 마주했습니다.

한 손을 제 몸에 올려두고 다른 한 손으로는 책 한 권을 쥔 채. 그렇게 조용히 숨을 쉬고 있는 그 사람을 바라보았어요. 아마 먼저 잠이 든 제 옆에서 책을 읽고 있던 거겠지요. 문득 저를 부드럽게 다독이던 잠결의 손길이 기억났습니다. 잠시였지만, 아주 오랜만의 단잠을 잘 수 있었던 것은 아마 그 사람의 존재 덕분이었을 거예요.

또 다른 날에는 데이트를 마치고 우연히 뒤를 돌아본 적이 있었습니다. 당연히 집에 들어갔겠거니 하는 마음에 한참 발걸음을 옮기고 있었는데. 왠지 모를 기분에 고개를 돌리자 저 멀리서 그 사람이 저를 바라보고 있었어요. 깜짝 놀라는 표정을 보고 휴대전화를 들어 왜 그러냐며 물었더니, 그냥 보고 싶었다는 말과 함께 환한 미소를 보내주었습니다.

그때가 아마 저희가 만난 지 꽤 흘렀던 시기였으니, 그 사람이 그렇게 제 뒷모습을 보던 것이 처음은 아니었던 듯싶습니다. 제가 이어폰을 꽂으며 혼자만의 시간으로 돌아가는 순간에도 그 사람은 몇 번이나 저와 함께해 주었겠죠. 그날 멀리서 보이던 그 사람의 놀란 모습과 웃는 얼굴이 여전히 눈앞에 생생히 그려집니다.

이러한 순간이 쌓이며 저는 조금씩 그 사람과 맞물려 간 것 같습니다. 이제는 그 사람의 따뜻한 손길이 일상이 되어 단잠에 드는 날이 많아졌고, 그 사람의 환한 미소가 더 보고 싶어 괜스레 고개를 돌리는 일도 잦아졌습니다. 나아가 그 사람이 선잠을 잘 때 손길을 건네는 따뜻함과 그 사람의 뒷모습을 조금 더 바라보는 낭만에도 익숙해졌죠. 제 안에 오랫동안 머물렀던 냉소와 불안 역시 함께하는 시간이 길어지면서 차츰 사라져갔습니다.

"너 되게 많이 바뀐 거 알아?"

한 사람이 변하는 데에는 얼마나 많은 순간이 필요할까요. 특히나 성인이 되어 수많은 나날이 더해진 저와 같은 사람에게는 더욱 많은 사건과 시간이 필요하겠지요. 친구가 지나가듯 건넨 말 한마디에 괜한 웃음을 짓게 된 건, 아마 그 어려운 일이 저에게 일어나고 있음을 누구보다 잘 알고 있기 때문일 겁니다.

선택할 순간이 없어 슬퍼하던 10년 전과 달리, 지금의 저에게는 영원히 머물고 싶은 순간들이 가득합니다. 저를 더 나은 존재로 만들어 준 그 사람 덕분이겠지요. 언젠가 영화를 다시 보게 되는 날이 온다면, 그때는 또 어떤 생각이 찾아올까요. 그 어떤 무엇이라도 상관없으니 다만 그때도 그 사람 곁에 제가 있다면 좋겠습니다.

사랑에 서툴러서, 내가 미안해

장하련

후암동 108계단 아래 책방에서 머물고 있습니다.

앓는 게 취미입니다.

거실에서 축구 게임을 하는 그를 두고 침대에 반쯤 누워 컴퓨터를 켰습니다. 나는 이제부터 사랑에 대한 글을 쓰려 합니다. 어쩌면 방문 너머의 그를 향한 유치한 사랑 고백이 될지도 모르겠네요.

서른다섯이 되는 해에 결혼을 했습니다. 결혼이 내 인생의 종착지가 될 거라는 신념을 가지고 살았지만, 다양한 연애의 실패를 겪고서 인생과 결혼을 별개의 카테고리로 분류한 지 얼마 되지 않았을 때였죠. 하지만 나는 사랑이라는 감정에 쉽게 매몰되던 사람이었기에, 아이처럼 신이 난 '사랑하는 일' 앞에서 결혼을 하지 않겠다는 다짐을 무너뜨리는 건 단 1초도 걸리지 않았습니다. 각자의 집으로 돌아가는 게 아쉬웠고, 그래서 함께 살기 위해 선택한 결혼이었습니다. 그 당시 내가 선택할 수 있는 가장 최선의 '사랑의 방식'이었죠.

우리는 매 순간 민낯을 보여주며 함께 살아가고 있습니다. 사랑하는 사람과 호적으로 묶이고 새로운 가족을 탄생시키는 역사의 한 줄을 쓰면서. 어른들이 농담 삼아 말하던, 사랑보다 앞선 부부간의 전우애 따위에 가끔씩 고개를 끄덕이며 사랑의 모양새가 바뀌는 걸 지켜보게 됩니다. 생리 현상은 자연스러운 일이며 잔뜩 늘어난 티셔츠를 입고 온갖 추잡스러운 모습을 보여도 '그러려니' 하게 되는, 설레는 사랑보다는 모든 순간이 익숙한 사랑의 형태가 되어가는 중인 거죠.

이따금씩 타인의 연애담을 듣거나 청춘 드라마를 볼 때면 명치 어딘가쯤이 간질간질해집니다. '나도 저런 사랑을 할 때가 있었지' 남들을 통해 잊고 살았던, 사랑에 목을 매던 시절의 나를 멀리서나마 다시 목격

하는 기분이 들곤 합니다. 애틋할수록 사랑이 아름다워 보였던, 아픈 만큼 사랑이 깊은 거라 착각하던 때가 나에게도 있었습니다. 이별은 내 세상의 종말과도 같았고, 더 이상 존재해선 안 될 내일의 아침을 다시 맞이하게 되면 죽을 듯이 괴로워하는 게 당연했던 그런 시절이요. 나의 온도를 제어할 수 없어 사랑 앞에서 너무 뜨겁게 불타오르고, 홀로 남게 되는 순간에는 너무 차갑게 식어버려 꽁꽁 얼어붙고야 말던, 늘 파도가 들썩여 멀미에 시달리던 요란한 날들이었던 것 같아요. 사랑의 방식이 다양하다는 걸 알면서도 나는 그 다양성을 존중하지 못했습니다. 내 사랑은 진실되고 진심이었다고 우겨댔고 결국 내 존재 자체는 상대방에게 독이 되곤 했습니다.

 '불안해서 그랬어요' 내 사랑의 뿌리에는 항상 불안이 기생하고 있었으니까요. 불안에 잠식되어 사랑을 하면서도 이별을 예감이라도 하듯 늘 두려워했고, 그 두려움은 결국 사랑의 가면을 쓴 집착과 희생으로 파생되었죠. 내 사랑이 마냥 아름답지만은 못했던 이유가 결국 그 불안을 품은 나로부터 시작되었다는 것을 늦게나마 깨달았지만 나는 여전했습니다. 너무 아픈 사랑은 사랑이 아니었음을 노래하는 김광석 아저씨의 목소리로 내 슬픔을 대신했고, 나는 스스로를 '사랑에 실패한 자'라고 떠벌리고 다녔습니다. 사랑받지 못할 거라면 누군가에게 동정이라도 받고 싶은 지나친 욕심 때문이었겠죠. 이별의 지독한 고통도 결국 시간이 약이 되어 치유된다는 걸 정답으로 인정하면서도 어느새 '사랑'과 '실패'는 습관이 되었네요.

결국 나는 이렇게 사랑에 서툰 자가 되었습니다.

자려고 누운 그에게 넌지시 질문을 던졌습니다.

"연애할 때의 사랑이랑, 결혼 후의 사랑이 어떻게 다른 것 같아?"

"사랑이 공부라면, 연애할 때 사랑은 초등학교 1학년 과정이고, 결혼 후의 사랑은 대학교 과정인 것 같

아. 본질이 달라지는 건 아닌데 사랑 안에 포함되는 게 많아졌지. 책임져야 할 것도 많고. 사랑이 똑같다고 보긴 어렵긴 한데, 크기는 같지만 사랑을 이루는 조각의 숫자가 많아진 것 같아."

 '우리'라는 존재를 위해 살아가야 하는 치열한 현실에서 사랑의 범주 안에 채워 넣은, 그가 말한 '책임'이라는 것을 들여다보며 나는 혼자 몰래 감탄합니다. '사랑하니까'라는 말은 쉽게 할 수 있는 말이 아니라는 걸 새삼 깨닫게 되는 대답을 듣고 나니 여전히 서툴기만 한 내 사랑이 부끄럽기도 합니다. 유치한 사랑 고백 대신 나는 결국 이렇게 고해성사의 시간을 갖게 되는군요. 내가 낸 생채기를 아무렇게나 드러내고 곤히 잠든 그를 보며 생각합니다. '내 사랑은 아직 철없던 그 어린 시절에 머물러 있구나' 그가 거울에 잔뜩 튀어 놓은 양치 거품을 닦아내며 온갖 화를 내다가도 결국 "사랑해."라고 말하는 관계의 믿음은 강렬하다 말하면서도, 나는 그 믿음을 방패 삼아 그를 내 마음대로 재단하려 했다는 걸 사실 난 알고 있었어요. 내 삶 촘촘하게 사랑이 관여하는 걸 당연하게 받아들이면서도 그 사랑을 멋대로 조종하고 싶어 안달이 나던 나를, 나도 어찌할 수 없어 체기만 가득 찬 명치만 쓸어내립니다.

행여나 잠에서 깰까 조심스레 이불에 손을 넣어 그의 팔을 잡아 봅니다. 함께 손을 잡고 잠이 들었는데 아침이 되어도 여전히 손을 잡고 있었다며 좋아하던 모습도 떠올려 봅니다. 사랑하는 마음은 귀하다는 드라마의 대사가 좋다며 몇 번이고 다시 찾아보면서도, 그 귀한 걸 그에게는 편히 건네지 못했네요. 오늘도 차마 사랑에 서툴러서, 내가 미안하다고. 전하지도 못하고, 옆에 누운 그의 얼굴만 괜히 조물딱대다 맙니다. 나는, 내일은 좀 더 나은 사람이 될 수 있을까요.

사랑에 다정한 사람이 될 수 있을까요.

눈이 부시게

미싱 링크 | 김연지
사랑하는 건 맞는데요, 사랑한다고 말할 수는 없어요 | 김현경
주황색 햇빛이 들어오는 버스를 타고 | 김철수
눈마음 | 김하루
복숭아를 닮은 사람 | 방멘

미싱 링크

김연지

―

질병과 사랑에 천착한 장면들을 기워 이야기를 씁니다.

합정동의 서점이자 바(Bar) 문학살롱 초고를 운영하고 있습니다.

이런 사람 저런 사람 사랑하는 와중에 오늘의 내가 만들어졌다. 고등학생 때 좋아했던 애가 문예부라서 글을 쓰기 시작했다. 비건 지향인을 만나며 고기를 멀리했다. 패션디자이너를 만났을 땐 잠시나마 옷 잘 입는 사람이 되었다. 그리고 그 애를 만나며 나는 시를 쓰기 시작했다. 처음 쓴 시는 이렇게 시작한다. 골조만 세워진 놀이공원을 보았어. 망했다고 착각하기 쉬운 태어나기 전의 세계를. 우리 사이 무언가 생겨난 것 같은데 본격적으로 이 감정에 뛰어 들어가 볼지 무언가 되다 만 상태로 놔둘지 고민하던 그 밤의 놀이터에서, 그네를 타고 더 높이, 더 높이 올라가면서, 떨어질 것을 예상하지도 못하는 게 동심이라고, 그런 게 첫사랑의 마음이라고 지금은 생각한다. 그러나 사랑하는 이가 나를 필요로 하는 곳으로 언제 어느 때고 달려갔던 발길이 오로지 그 사람을 위한 것이었을까 하면 잘 모르겠다.

'강'은 대학 동기의 후배의 친구들까지 모인 생일 파티에서 처음 만났고, 같은 골목에 살아 가까워졌다. 친해진 이유에 대해서야 백 가지 정도 말할 수 있겠지만 서로 동족임을 알아챘다는 말이 적절한 것 같다. 강과 나는 바다를 낀 동네에서 태어나 스무 살 때 상경했고, 예술에 반쯤 발 걸친 채로 살아왔다. 그는 철학과를 전공하며 사진을 찍었고 나는 신문방송학과를 전공하며 글을 썼다. 서울이 답답할 때마다 고향보다 멋진 바다를 찾아 해외로 도망 다닌 점도 비슷했다. 강과 함께라면 발이 무감각해질 때까지 걸어도, 온 내장이 뒤틀릴 때까지 취해도 이야깃거리가 바닥나지 않았다. 그를 만나는 아침엔 아이라인을 몇 번이나 고쳐 그리고 그가 좋아하는 향수를 뿌리면서도 좋아하는 줄은 몰랐다. 강은 여성이었고, 나는 남자친구가 있었으니까.

나에게 막 빠진 사람의 눈을 안다. 호기심 어린, 묘하게 공격적인, 팔팔하게 생동하다가도 오래 눈 맞추면 딴청을 부리는 눈빛. 언젠가부터 강이 나를 보는 눈빛이 달라졌다는 건 진작 알아챘다. 어느 날은 대학로를 산책하다 낙산 공원 성곽에 앉아 맥주를 마셨는데, 그가 나를 빤히 쳐다봤다. 짧은 머리칼을 흩트리는 바람과 주변의 모든 빛을 다 합친 것보다 반짝이는 눈동자. 신나서 조잘거릴 때 더 붉어지는 입술. 참 예쁘다. 강이 고개를 돌려 내 어깨에 머리를 기댔을 때 섬유유연제 냄새가 났다. 심장이 세차게 뛰어서 그만 일어나자 했다. 강은 샐쭉 눈을 흘기고 일어나 나보다 먼저 성큼성큼 걸어나갔다.

나 또한 강을 볼 때 같은 눈빛이었을 것이나. 그러나 나는 여성을 섹슈얼하게 느낀 적 없으므로 바람은 아니라고 여겼다. 손을 잡았지만 바람피우지 않았다. 걔의 팔을 베고 잔 적 있지만 바람피우지 않았다. 친구들에게 한 번쯤 바람피우고 싶다고 말했지만 바람피우지 않았다. 무엇보다 남자친구에 대한 사랑을 의심하지 않았다. 일주일 정도 안 보면 보고 싶고, 우리만의 농담이 여전히 귀하고, 어떤 상황에서도 그는 듬직한 내 편이었으니까. 아마 나는 애인보다 보호자가 필요했던 것 같다. 그도 나도 알고 있었을 것이다. 이 사랑이 끝나가고 있다는 것을.

남자친구와 나는 늘 가던 포차에서 광어 반 우럭 반에 소주를 마시며 일상을 나눴다. 다음 장면은 뻔하다. 우리가 해외에서 만났을 때 얼마나 아름다웠는지, 그 동네 어디가 어떻게 좋았는지 회상하다가⋯ 과거에 머문 채로 모텔에 가겠지. 대충 씻고 섹스하다 그만하고 싶을 때쯤 오르가슴을 연기하겠지. 이제 다른 이야기를 하자. 걔 있잖아. 전에 말한 사진 찍는 애. 작업을

봤는데, 내가 한참 여행 다녔을 때 어떤 사람이었는지가 생각나거라. 뭐랄까. 사진의 질감은 거칠고 무심한데…. 어떤 사람은 둔감한 채로 예민한 이야기를 길어 내잖아. 걔가 찍은 사진이 딱 그래. 고독이 외로움으로 느껴지지 않고 자기 세계에 갇혀 있지도 않아. 오히려 세상을 따뜻하게, 아니 열렬하게에 가까운가. 응시. 그래, 응시하는 게 느껴져. 횡설수설 강 얘기를 한참 하다가 물었다.

"너는 사랑이 뭐라고 생각해?"

그는 한참 소주잔을 만지작거렸다.

"음… 존경과 섹시?"

"그럼 나를 사랑해?"

"응. 여전히 존경하고 섹시하다고 느끼니까."

과연. 나는 그를 존경한다. 그는 내가 이런저런 일들로 골머리 썩을 때마다 날렵하게 해결책을 제시한다. 나는 그가 섹시하다고 느낀다. 어떤 순간에도 야릇해지지 않는 사람과 연애할 수는 없다. 그런데 있잖아.

존경? 우리는 페미니즘을 주제로 얘기할 때마다 다투잖아. 섹시? 마지막으로 느꼈던 게 언제더라. 남자친구가 화장실을 다녀오는 사이 강을 생각했다. 존경. 네가 세상을 천천히 보는 그 눈빛이 정말 멋있어. 이건 신승은의 노래 가사. 섹시? 키스할 수 있을 것 같아. 그가 돌아왔을 때 나는 피곤하다고 말했다. 포차 앞에서 서먹하게 담배 한 대를 나눠 피고 헤어졌다.

다음 날 아침, 버스에서 그에게 메시지를 보냈다. 우리가 꼭 연인 사이가 아니어도 괜찮지 않을까? 남자친구는 다 알고 있다는 듯한 눈치였다. 그러자. 잘 지내다 만나자. 3년 반. 길다면 긴 연애는 사뿐하게 정리되었다. 눈물이 고였다. 내 안에서 뭔가 사라졌는데 그게 뭔지 모르겠고 허전함보다는 후련함으로 느껴졌다. 후련하게 울었다. 옆자리에 앉은 강이 한쪽 귀에 이어폰을 꽂아줬다. 무슨 노래였는지는 기억나지 않는다. 다만 내가 우는 표정이 웃기다고 놀렸던 게 기억난다. 뿌

애앵 하고 입꼬리가 축 내려간다면서.

 사랑에 대한 기준이 강, 그 애라면, 그건 내가 해본 유일한 사랑이다. 그 애의 눈으로 세상을 보고 싶은 마음. 그 애가 무서워하는 것들이 나도 무섭지만 그 애를 생각하면 강해지는 마음. 머리보다 몸이 먼저 달려가서 지칠 줄 모르는 마음. 강을 생각하면 나는 시인이 되고 싶었고, 동시에 그 애를 먹여 살리기 위해 아주 부유해지고 싶었다. 두 욕구는 양립할 것 같지 않았다. 그리고 활동가가 되어야겠다고 다짐한 사건이 있었다.

 강은 교회를 다녔다. 처음엔 주말 오전 심심해서 가봤는데, 다니다 보니 좋은 기운으로 하루를 시작하게 된다고. 가끔은 잘 살아 보고 싶은 마음이 들기도 한다고. 마음에 어둠이 걷히고 풀들이, 나무가, 바람이, 세상이 자신을 품어주는 따스함을 느끼며 불현듯 신이 자신을 사랑한다고 느낀 적 있다고. 그건 어떤 느낌일까. 왜 교회라는 곳은 꼭 누구를 따라가게 되는 걸까. 초등학생 때 단짝을 따라 달란트 파티를 간 후로 10년 만이었다. 아침 8시, 수면제 기운이 채 가시지 않은 채로 비몽사몽 예배당에 앉았다. 한 시간 동안 꾸벅꾸벅 졸다가 목사가 마지막 기도를 올릴 때쯤 자세를 고쳐 앉았다.

"이웃을 사랑하게 하시고, 만물을 사랑하게 하시고, 어쩌고저쩌고하시고, 이러쿵저러쿵하시고, 차별금지법 제정을 막아주시고…"

방금 뭘 들은 거지?

"원래 저런 말도 해요?"

강은 어깨를 으쓱해 보였다.

"아뇨. 저런 말은 처음 들어요."

우리는 다시는 교회에 가지 않기로 했다. 대신 신을 사랑하기 위해, 우리를 포함한 세상 모든 생명을 사랑하기 위해 비건이 되기로 했다.

비건이 되는 건 열아홉에 한 살 더 먹으면 성인이

되는 것처럼 그냥 그렇게 되는 일이 아니었다. 식당에 가면 고를 수 있는 메뉴가 거의 없었다. 생활 습관을 바꾸는 일은 수고스러웠다. 마트에서 장을 봐 강의 집이나 우리 집에서 밥을 해 먹었다. 강은 요리에 영 재능이 없었고 나는 가스레인지 화구 셋을 동시에 쓰는 법을 익히게 되었다. 하얗고 둥근 테이블에 무해한 식사가 차려졌다. 집에서 밥을 해 먹다 보니 밖에서 보는 시간보다 집에서 보는 시간이 늘었고 하루 일과 끝 밥 먹으러 어느 집에 갈지도 자연스럽게 정해졌다. 걔네 집과 우리 집의 경계는 없어졌다. 오늘 밤에도 내일 밤에도 같은 침대에 네가 있을 걸 아는 게 동거라면, 그 비슷한 걸 했다. 그렇게 잘 챙겨먹는데 갈수록 살이 빠지니 신기할 노릇이었다. 이건 맛있는 거. 이건 좋은 냄새. 강과 있을 때 나는 눈코입이 하나씩 더 생긴 것 같았다. 이런 게 행복이구나 몸으로 감각하던 날들이었다. 아플 때 병원에 데려가 주는 사람이 있는, 과로로 온몸이 지끈지끈할 때 안길 품이 있는, 진짜 '우리 집'의 지붕은 견고했다. 어느 날엔 세탁기에 빨랫감을 넣다 내 옷에 배인 강의 냄새를 맡고 눈이 시큰거렸다. 그건 정말 사랑이었지. 그런데 우리는 단 한 번도 서로에게 사랑한다 말한 적 없네.

비건 지향 생활은 강과 헤어지며 무산되었다. 굶고 굶다가 이러다 죽겠다 싶을 때쯤 배달 음식을 시켜 먹었다. 술 마시고 취하면 고기를, 물살이를 먹지 않겠다는 다짐을 잊었다. 삼킬 수 있는 건 삼키고 봤다. 그런 생활이 지속되다 보니 내가 한때 스스로 밥을 해 먹었다는 게 까마득해졌다. 아, 스스로가 아니었지. 함께였구나. 나는 세상 모든 생물을 사랑하는 게 아니라 그 애가 보는 곳에 먼저 달려가 우물쩡 서 보는 것이었다. 여기에 내가 있다고. 네가 보는 세상에, 네가 사랑하는 세상에 내가 있다고. 세상 만물을 사랑하다니. 기도는 인간이 해내지 못하는 일을 신의 이름으로 의탁하는 행위다.

가끔 잠 안 올 때 강을 따라 동해 바다에 뛰어들던 여름을 생각한다. 잠겼다 떠올랐다 하는 까만 머리통 하나. 그때 나는 잠옷을 입은 채였나. 여름을 막 지난 때라 물은 차가웠고 파도를 딛자마자 앞으로 고꾸라져 물을 왕창 먹었다. 강이 있는 곳까지 팔을 세차게 흔들며 뛰어갔다. 파도가 오면 파도의 키만큼 점프했다. 너무 큰 파도가 오면 발을 굴러 동동 떴다. 동동. 와아. 소리 지르면서 그 애랑 파도랑 한참을 놀았다. 사랑의 환희를 생각하면 나는 그 장면이 떠오른다. 누군가를 향해 겁 없이 달려갔던 순간순간들.

　　돌아보니 강과 마음이 닿았던 모든 곳은 물가였다. 처음 손을 잡았던 곳도, 얼렁뚱땅 사귀게 된 곳도, 헤어졌다 다시 만난 곳도, 관계를 끝낸 곳도. 이런 우연이 무슨 의미가 있겠냐마는 물은 사람을 질척이게 하는 성질이 있나 싶기도 하고 그렇다.

사랑하는 건 맞는데요,
사랑한다고 말할 수는 없어요

김현경

―

보이지 않는 것을 보이게 하는 작업을 합니다.
『아무것도 할 수 있는』을 엮고,
『폐쇄병동으로의 휴가』『여름밤, 비 냄새』『오늘 밤만 나랑 있자』
등을 썼습니다.

어느 봄날이었다. 함께 일하기로 모였지만 일을 하는 시간보다는 함께 노는 시간이 더 많았던 친구들과 그날도 브런치를 먹고, 루미큐브를 했다. 친구들은 내게 '데이팅 애플리케이션'이라는 것이 있다며 휴대폰을 내밀었다. 사람들이 자신의 프로필을 올려두었고, 이 프로필 카드를 왼쪽으로 밀면 싫다는 뜻, 오른쪽으로 밀면 좋다는 뜻이라고 했다.

"누나도 한번 해봐요."

"싫어. 나 그런 거 안 좋아해."

'우리들의 경쟁자 얼굴들이 궁금하다'는 그들의 설득에 나도 져주는 셈 한번 설치해 보기로 했다. 잘 나온 얼굴 사진을 두어 장 등록하고, 나이를 설정했다. 외간 남자의 얼굴과 나이가 보였고, 잠깐 보려던 찰나에 둘은 내 휴대폰을 낚아채 가며 "좀 볼게요!" 말했다. "그러면 나는 여자 먼저 볼래." 말하고 하나의 휴대폰을 가져와 여자들의 프로필을 구경했다. 좋을지 안 좋을지 모르니 왼쪽으로 카드를 넘기고 있는 나를 보고 휴대폰 주인은 한 소릴 했다.

"아, 누나. 남자는 웬만하면 오른쪽으로 넘겨야 조금이라도 걸려요."

걸린다는 건 '매칭'이 된다는 뜻이었다. 둘 다 오른쪽으로 넘겨 좋다는 의사를 밝히는 이들은 매칭이 되어 함께 이야기를 할 수 있는 채팅방이 열린다. 여자는 까다롭게 고르니, 남자들은 웬만한 사람들에게 좋다는 표시를 해야 누구라도 매칭이 될 확률이 높다는 거였다. 큰 감흥도 흥미도 없이 여자들의 프로필을 오른쪽으로 넘기며 보고 있을 때, 친구들은 이쯤이면 다 봤다며 내 휴대폰을 돌려줬다. 데이팅 애플리케이션 '틴더'를 처음 알게 된 날이었다.

후에도 틴더에 큰 흥미는 없었다. 불특정 다수가 내 얼굴을 보는 일도 이상한 것 같아 사진을 삭제했다. 친구들이 틴더로 누굴 만났니, 어쨌니 하는 이야기를 종종 하기는 했지만, 나는 처음 보는 사람과 웹상에서 만나 이야기를 나눌 자신은 없었다. 하지만 틴더를 삭제하지는 않았었는데, 그해 떠난 치앙마이 여행에서 이 애플리케이션이 생각나 다시 켜보게 되었다. 많은 외국인들이 함께 술을 마시고 파티를 할 사람들을 구하고 있었고, 나는 몇몇을 오른쪽으로 넘겨 함께 술을 마시고 놀곤 했다.

한번 해보니 사람들을 만나는 일은 어렵지 않아서, 한국에 와서도 자주 틴더를 켜 근방에 어떤 사람들이 있는지 찾아봤다. 어느덧 틴더는 일과가 됐다. 매일 저녁 침대에 누워 사람들을 구경하고 왼쪽, 오른쪽, 다시 왼쪽으로 엄지를 움직이며 사람들을 찾았다. 그렇게 만난 사람들 중에는 술을 마시며 진지하게 삶에 대해 이야기를 나눈 사람들도 있었고, 하룻밤을 보내고 연락이 두절되는 경우도 있었고, 꽤 긴 기간 동안 만난 사람들도 있었다.

S는 틴더에서 알게 되어 꽤 긴 기간 만난 사람 중 하나였다. 아니, 지금도 계속해서 종종 만나고 있기는 하다. S를 알게 된 지도 벌써 두세 해나 지났다. 문제는 S는 자신이 내킬 때에만 연락을 한다는 것이다. 그에게서 전화가 올 때마다 나는 '이런 애를 다시 보지 않아야 하는데' 하는 생각과 크나큰 반가움이 공존해 어찌할 바 몰라 하며 그의 전화를 받는다.

"나 너무 바빠서 이제야 연락을 하네. 맥주나 한잔할까?"

늦은 밤 대뜸 전화를 걸어 이런 말을 하는 S를 당최 거절할 수가 없다. 대부분의 경우에 S는 술에 가득 취해 "일 때문에 술 마시고 오는데, 누나 생각이 나서. 지금 갈까?" 말한다. S는 집에서 십 분 정도 거리에 살아서, 전화를 끊고 준비할 새도 없이 "나 누나 집 앞이야." 하는 전화를 건다. 그런 S를 보면 그간 연락이 안 되었던 사실은 잊고 반가움에 가득 안긴다. 우리는 손을 맞잡고 술집으로 가 소주를 나누어 마시고, S는 내게 연인들이 하는 것처럼 군다. 나는 그런 S가 싫지 않아, 아니 좋아서 나를 안는 S를 더 끌어안는다. 그렇게 S와 만나서 무얼 하느냐 묻는다면, 술을 마시고 담배를 태우고 서로를 갈구하는 일뿐이라 답할 수 있다.

S와의 관계는 아무리 생각해도 이상했다. 이삼 주에 한 번씩 연락이 오면 만나 연인 행세를 하는, 그런 애매하고 이상한 관계를 오래도록 지속하는 것도 꽤 지치는 일이었다. 이 연락에 있어서 나는 언제나 전화를 받을 수만 있는 을의 입장이기 때문이다. 그러던 어느 날 이미 만취해 집 앞으로 찾아온 S와 소주를 또 마시고, 길거리든 술집이든 장소를 가리지 않는 S의 애정 공세를 받아내던 날이었다. S는 다음 날 아침 일찍 출근을 해야하는 평일이었지만, 우리는 근처의 모텔로 향했다. S는 침대에 나를 눕히며 "나랑 살래?" 물었

다. 나는 아무런 답을 하지 못했고, S는 "응?" 되물었다. S는 내게 그전까지 한 번도 나와의 관계에 대해 언급한 적이 없었는데, 갑자기 같이 살자니. 술에 취해 하는 말이었겠지만 나는 당황했다. S가 나의 이곳저곳을 만지는 동안도 그 말에 대해 생각했다. 그러다 눈이 마주쳤을 때 S에게 말했다.

"나랑 사귈래?"

S는 답이 없었다. 같이 살자고 했을 때 내가 당황하며 답을 하지 못했던 때와 같은 정적이 흘렀다. 나는 S가 나를 어떻게 생각하고 있는지에 대해 더 혼란스러워졌다.

누군가 한번은 S가 내게 어떤 존재길래 그렇게 쳐내지 못하는지에 대해 물었다. 나는 헤어지고도 종종 만나던 전 연인 K를 언급하며 "K와 S 중에 한 사람과 만나야 한다면, S를 고를 거야." 말했다. 내가 K를 여전히 좋아한다는 사실을 알았던 상대방은 "그 정도라고?" 하며 놀랐다. 내가 K를 좋아하는 마음도 여전했기 때문이다.

    K를 만난 것도 틴더에서였는데, 그는 내게 [안녕하세요, 작가님!] 하는 메시지를 보내온 사람이었다. 나는 '내가 그 정도로 유명한가?' 하는 생각과 함께 [작가라니요?ㅋㅋㅋ] 하는 답을 보냈다. 그는 이미 내가 쓴 책을 읽기도 하고 인스타그램 팔로우도 하고 있다고 했다. 내가 어디에서 일하는지까지 다 알고 있던 K의 이야기에 약간 섬뜩해져, 그가 일하는 곳을 물었다. K는 내가 일요일마다 일하는 서점 근처에 살고, 그의 일터는 또 내가 평일에 종종 가야 하는 인쇄소 근처였다. K가 일하던 오픈 키친에서 그가 허리를 짚는 방식을 보며 생각했다. 어쩌면 저 사람을 좋아하게 될 수도 있을 것 같다고.

    그렇게 알게 된 K와는 연인이라 부를 수 있는 관계가 되었다. K는 가끔 시를 썼는데, 이 시를 손으로 노트에 써서 내게 읽어봐 달라 말했다. 나는 그의 시와 문장이 좋았다. 한 번뿐이었지만 리소토를 만들어 준 적도 있었다. K의 집에서 보이는 남산 타워를 올려다보며 함께 담배를 태우는 일이 낙이었던 계절을 보냈다. 날씨가 추워지면서 그의 마음도 점점 멀어져 가는 게 느껴졌다. 자주 다퉜고, 자주 미안하다는 말을 들었고, 자주 마음이 무거워졌다. 나는 K에 대해 써둔 글을 모아 작은 책자로 만들어 건네며, 그만 만나자고 말했다. 이미 몇 번이나 나왔던 말이지만 다시 한번 마지막으로 한 말이었다.

K를 다시 만난 건 이듬해 겨울이었다. 아무렇지 않게, 마치 어제도 통화를 하던 사이였던 것처럼 전화를 받은 그였다. 우리는 또다시 예전처럼 만나서 술을 마시고 담배를 태우고 함께 잠드는 하루들을 종종 보냈다. 그러길 몇 달째에, 우연히 나는 K가 만나는 사람이 있다는 걸 알게 되었고, 그에게 긴긴 카카오톡 메시지를 남겼다. 그렇게 살지 않았으면 좋겠다는 말이었다. 그의 전화번호를 그제서야 지우고 보고 싶다는 마

음도 한 번에 접혔다.

 술에 취한 어느 여름, 또다시 나는 K에게 전화를 걸었다. 전화번호가 없으니, 카카오톡 보이스톡으로. K는 이번에도 아무렇지 않게 전화를 받았다. 우리는 그날 만나 또 술을 마시고 함께 잠들었다. K도 나도 가끔 전화를 하고, 일상을 나누고, 통화를 하다 보면 K의 집으로 향하게 되는 날들이 이어졌다. 나는 이 관계를 무어라 정의할 수 없지만, 정의하고 싶지도 않았다. 그저 K와 종종 함께하는 것이 좋으니까, 한때 내가 "우리가 사귀는 게 맞아?"라고 물었던 것처럼 다시 물을 필요를 느끼지 못했다.

 K와 어느 이자카야에서 소주를 마실 때, 그는 내게 물었다.

 "너는 내가 좋아?"

 "응."

 "내가 도대체 어디가 좋아?"

 시를 쓰는 것이 좋다는 말에는 이제 안 쓴다는 말

로, 제주에서 가게를 하고 싶다는 꿈을 응원하고 싶다는 말에는 이제 그 꿈은 지웠다는 말로, 잘생겨서나 키가 커서 하는 말에는 전혀 그렇지 않다는 말로 대꾸하며, 그는 그런 것들은 이유가 되지 않는다고 했다.

"사랑하는 거 아닐까?"

"날 사랑한다니."

"이유가 없는데 네가 좋으니까. 그런 거 아니겠어?"

사랑한다는 말을 해본 기억이 거의 없다. 긴긴 짝사랑의 이야기를 쓴 책에도 단 한 번도 사랑이란 단어를 쓴 적이 없으며, 만나던 사람들에게도 사랑한다는 말을 전해본 기억이 없다. 이런 말을 K에게 전하며 어쩌면 이렇게 너를 찾고 또 찾는 것이 사랑하는 것이 아닐까, 하는 생각이 든다고 했다. K는 고개를 절레절레 흔들며 "나 같은 사람한테…", 조용히 읊조렸다.

그로부터 몇 달이 지나고 K는 접어둔 꿈이었던 제주행을 택했다. 직장에는 이미 그만둔다고 말했다고 했다. 어느 밤, 수면제를 먹고 K와 통화를 하던 중, K는 "지금 올래?" 물었다. 나는 곧장 택시를 잡아탔다. 맥주를 사 들고 간 K의 집에서는 와인을 마셨다. K와는 잔 하나를 두고 함께 마신다. K의 침대에서 자던 중 잠에서 깨버렸다. 한번 깨면 잘 못 자는 탓에 자꾸 뒤척였다. 그래서 K도 함께 뒤척이게 되었는데, 뒤척이며 K가 잠꼬대처럼 말했다.

"사랑해."

나는 아무 대꾸도 하지 않았다. 단, K에게는 하지 못한 말이 있다. 실은 함께 제주에 가고 싶었다고, K만의 시집을 만들어 주고 싶었다고.

사랑이라는 건 내게 언제나 어렵다. 물론 S와 K에게도 어려운 것일 테다. 사랑한다는 말을 하지조차 못했던 날들과 그 말에 대꾸조차 할 수 없었던 날들을 떠올린다. 틴더에서 만나 사랑한다 말하지 못한 두 명, S와 K에게 어쩌면, 그러니까 진짜로 어쩌면, 눌을 사랑하고 있다고 말하고 싶다.

주황색 햇빛이 들어오는 버스를 타고

김철수

―

게이.
유튜브 '채널 김철수'의 운영자.
책 『보통 남자 김철수』의 저자.

사랑이란 뭘까. 그냥 내 생각이지만, 사랑이란 '모두에게 필요한 것'이 아닐까 싶다. (너무 당연한 말을 한 것 같지만) 말하자면 사랑은, 오락실의 코인 같은 것. 슈퍼마리오 게임 속 초록색 버섯 같은 것. 뭐 그런 것 아닐까. 미친 재능을 가지고 있거나 지나치게 운이 좋거나 하지 않은 이상, 끝판왕까지 도달하기 전에 우린 어떻게든 죽게 돼 있고 다시 깨어나 스테이지를 깨기 위해선, 목숨이 여러 개 필요하다.

죽을 때마다 다시 태어나는 힘. 같은 스테이지를 반복하더라도 결국 통과하는 힘. 살아갈 힘. 목숨 하나 플러스. 내가 생각하는 사랑은 이런 느낌이다. 그래서 사랑은, 모두에게 필요하다. 내 안엔 나보다 더 강한 내가 있기 때문이다.

나는 길을 걷다 고양이를 마주치면 종종 한참을 바라보곤 하는데, (예전엔 관심 없었는데 직접 고양이를 키우게 된 이후부턴 길고양이들에게 더 오래 시선이 머무르게 됐다) 그들의 칙칙한 얼굴을 바라보고 있다 보면 이런 생각이 스치곤 한다.

'저 고양이의 얼굴엔 사랑이 없어'

정말 그렇다. 그들의 얼굴엔 사랑이 없거나 미미하게 있거나다. 뭐랄까, 영혼이 없달까. 그들의 눈빛엔 어떤 의무감 같은 것만 있다. 그냥 본능적인 움직임만으로 점철된 삶을 살아가는 것 같은 느낌. 실은 그들에게도, 군데군데 온건한 사랑이 존재할 거란 믿음 때문인지 측은한 마음이 뒤따르곤 한다.

반면 우리 집 고양이들은 다르다. 내가 녀석들의 머리를 쓰다듬어 줄 때, 그 손길을 받아들이는 녀석들의 표정은 살아 있다. 지그시 감았다 뜬 눈빛에선 어떤 지성 같은 게 느껴진다. 늘 깨어있는 얼굴. 코인이 한가득, 초록색 버섯이 넘쳐나는 느낌. 목숨이 한 바가지는 되는 것 같은 그런 느낌.

그렇기에 나는 주장한다. 모든 생명체에게 사랑은 필요하다. 단지 더 잘 살아갈 수 있도록 말이다.

나도 그렇다. 나는 이 사회에 핍박받는 동성애자, 대통령도 함부로 지지하지 못하는 보통 사람이다. 저 길고양이들의 칙칙한 얼굴과 닮아 있는 나는, 까딱하면 죽고, 죽고 나서 다시 태어나지 못할지도 모르는 스테이지 위에 서 있다. 이 스테이지를 통과하기 위해서는, 그냥 조용히, 아무런 시도도 하지 않고 가장 안전한 루트인 것처럼 보이는 곳을 택하는 게 아무래도 좋을 것이다. 하지만 한 번뿐인 인생에 이런 삶의 방향은 얼마나 무가치한가. 그건 죽은 삶이나 다름없고 그런 삶에서 나란 존재를 찾을 수도 없다. 이런 말도 있지 않은가. 당신 없는 오늘은 어제의 찌꺼기일 뿐이라고.

내가 오늘을 살기 위해 반드시 필요했던 건, 내가

나 스스로를 사랑해 주려는 마음이었다. 그리고 그 유일한 방법은 도저히 받아들일 수 없는 날 어느 곳 하나 빠짐없이 그대로 인정하는 것.

　날 인정하기. 그냥 완전히. 물론 그건 심각하게 어려운 일이 맞다. 내가 게이라는 걸 알고 하늘이 무너졌던 그때, 여자를 좋아해야 한다고, '보통 사람들'처럼 살아야 한다고 얼마나 스스로를 부정했는지 모른다. 난 어떻게 해야 되는지, 나 같은 사람이 또 있는지, 물어보고 싶었지만 그럴 사람이 없었다. 가족, 친구, 선생님, 상담사? 그 누구도 이해 못 할 거라 생각했다. 난 그냥 혼자 살아야지, 결혼하지 말아야지, 말만 안 하면 돼. 그럼 다른 사람들처럼 '평범'하게 살 수 있어.

　하지만 시간이 흐를수록 내가 도망치고 있다는 걸 깨달았다. 숨기고 살아갈 수 있다고 생각했지만 나는 거짓이 되어가고 있었다. 아무리 긍정적인 척, 친구가 많은 척, 많은 일들을 하고 있는 척해도 거기에 나는 없었다. 나는 내 인생을 놓치고 있었다. 나는 지난 시간

애써 무시해 왔던 진짜 나 자신과 마주 서야 했고 나라는 사람을 끌어안아 줘야 했으며 스스로를 사랑해 줘야 했다. 그 누구도 아닌 내가 나 자신을.

내가 날 인정한 시간은 찰나였다. '오래도록 스스로를 부정해 왔음'에 대한 마지막 예의를 갖출 새도 없이, 그 찰나는, 그 뒤와 앞을 극명하게 나누는 일생일대의 분기점이 됐다. 인정이란 게 이렇게 쉬운 거였나? 이렇게 순식간에 벌어질 수 있는 일인가? 싶었다. 날 짓누르던 거대한 것이, 해결될 필요도 없이 공중분해되는 기분을 느꼈다. 내가 붙들고 있던 게 얼마나 무겁고 또 쓸모없었는지도 깨달았다. 연이어 막대한 편안함이 해일처럼 내 안으로 밀려들었다. 그때 결심한 게 하나 있다. 이제 더 이상은 나 자신을 속이지 말아야지.

나는 사력을 다해 스스로를 부정해 왔던 것만큼이나 '온전한 자신'으로 존재하는 것에 절대적 열망을 가지게 되었고 '꿈'으로만 그칠 줄 알았던 삶을 현실화 시켜나갔다. 가족부터 불특정 다수에 이르는 커밍

아웃. 연애. 유튜브. 그로 인해 파생된 많은 활동들. 애인과 신문 1면에도 나와보고 책도 내보고 방송도 타보고 그렇게 돈도 벌어보았다. 그 모든 순간이 온전한 나 자신과 함께였다. 기적 같았다. 어느 순간, '꿈'이라 여겨왔던 그 삶의 정위치에 놓여졌음을 알 수 있었고 그건 곧 내 생애 가장 간절했던 것이 이루어졌다는 뜻이기도 했다. 그리고 그렇게 5년이란 시간이 흘렀다. 내게 벌어진 굵직한 사건들 중 가장 행복한 사건이 5년간 지속된 것이다.

그럼 이쯤에서, 그보다 조금 더 최근의 사건에 대해 얘기해볼까 한다. 그와 5년째 되던 어느 날, 우리는 헤어졌다. 그는 내가 가장 나다운 삶 중심부에 있게 한 결정적 마침표였다. 자식 같은 네 마리의 고양이들과, 애인과, 온전한 나 자신으로 사는 것. 보여주는 것. 그렇게 돈을 버는 것. 그 소중한 것들의 결합을 절대로 놓쳐선 안 된다고 생각했었다. 그래서 그와의 헤어짐은 그 안의 모든 나다움들의 무너짐이었다. 말하자면, 다음 삶에 대한 어떠한 대비나 준비도 없는, 종말, 뭐 비슷한 거였다. 마치 조금의 시간차를 두고 일제히 폭발해버리는 폭죽들처럼 잠깐 동안 일어난 영원 같기도 하다.

  헤어지는 게 유일한 답이었을까. 아니, 좀만 더 지속할 순 없었을까. 근데 난 뭐 때문에 그와의 헤어짐을 자꾸 곱씹는 걸까. 꿈꿔왔던 삶의 종말이 아쉬운 건가? 오랜 기간 함께해 어쩔 수 없이 쌓여버린 정 때문인가? 아님 둘 다인가? 그것도 아님 여전히 팍팍한 삶에서 허우적대고 있는 내가 그저 민망해서일까. 어쨌든 객관적인 사실은, 우린 서로가 헤어지길 원했고 그러니 우린 잘 헤어졌고 나는 이제 목숨 하나로, 또 다른 스테이지 앞에 서 있다는 거다.

  요즘 내 고민은 이거다. 나는 어디로 가야 할까. 이미 살고 싶었던 삶을 산 나는 그 삶이 망가시고 닌 이후의 삶이 어때야 하는지 잘 모른다. 그 삶은 스스로가 그려놓은 최후의 컷에 해당하기 때문일 것이다. 그렇다. 나는 게이 김철수에 너무도 집중한 나머지 그 속에 깊이 함몰돼 있었고 사회인 김철수로서 갖추어 놓은 것이 단 하나도 없었다. 내가 되고 싶은 건, 내가 잘하는 건, 지금 내게 필요한 건 뭘까. 아니, 나를 받아줄 곳은 있을까.

집구석에 틀어박혀 골몰하는 자체가 사치였으므로 나는 곧 생계유지를 위해 편의점 야간 아르바이트를 시작했다. 스물넷 겨울, 서울에 올라와 처음 시작한 일이 편의점 아르바이트였고 그 경력만 6년이다. 어쩌면 사회인으로서 가장 잘할 수 있는 일이 편의점 아르바이트일지도 모른다고 생각했다. 모든 게 원점으로 돌아온 기분이었다. 와중에 그때완 다른 게 하나 있었다. 내 나이가 이제 서른넷이라는 것. 도대체 그간 이루어 놓은 게 뭐지. 사회인으로서 증명할 만한 스펙이 전무하다.

이런 내가 수치스러워, 곧잘 주변인들에게 화려

한 거짓말을 한다. 난 사실 영화배우 지망생이라고. 내 사회적 나이에 걸맞은 가장 근사한 핑곗거리는 역시 영화배우 지망생만 한 게 없지 않나. 언젠가는 실제 했던 것 같기도 한 이 꿈을 현실 도피용으로 전환시켜 가면서, 나는 제법 구차하게 살아가고 있다.

어느 날엔가 집 천장만 바라보며 멍하니 누워있다가 문득 10년 전에 탔던 버스 생각이 났다. 이름을 김철수로 개명하고 법원에서 나와 다시 집으로 향하던 버스였다. (나는 게이라는 단어에서 느껴지는 편견을 깨고 싶어, 흔하고 친근한 이름인 '김철수'로 개명했다) 창 안으로 들어와 내 얼굴을 비추던 주황색 햇살. 그때의 공기. 바깥 풍경. 버스 안에 탄 사람들. 그로부터 지금에 이르기까지의 과정들. 하얀색 천장에서 그간의 일들이 상영이라도 되듯 했다. 마침내 영화가 다 끝났을 때 내가 내린 결론은 이렇다. 버스에서 내린 나는 너무 오랜 시간 동안 한 곳에만 머물러 있었고 게이 김철수로서의 소명은 다했으며 이제 나는 게이 김철수가 아닌 사회인 김철수이고 싶다.

한데 사회인 김철수인 나를 어떻게 끌어안아 줘야 할지 도통 모르겠다. 게이 김철수보다 어려운 사회인 김철수다.

무너진 내 자존감을 위해 내 유튜브 채널의 댓글들을 종종 본다. 오래전 댓글들이지만 거기엔 내가 얼마나 멋진 사람인지 일깨워 주는 글들이 수백, 수천 개는 되기 때문이다. 그중 요즘 자주 상기되는 댓글이 하나 있다.

'철수 님 재능 정말 빛난다'

유치하게 들릴진 모르겠지만 나는 저 '빛난다'라는 표현이 좋았다. 또 내가 재능이 있는 사람이 맞는 것 같고 그런 내가 막 빛나는 게 상상이 돼서 좋았다. 오랜만에 내 안에 목숨 하나가 생성되는 기분이었다. 물론 그 댓글 한 줄이 이후의 내 행동의 굵직한 변화를 일으킬 만큼 드라마틱한 에너지를 준 건 아니다. 지금 나는 꽤나 무던하다. 어쩌면 그래서, 지나간 댓글들을 붙잡고 있는 듯도 싶다. 어떻게든 다시 깨어나 스테이지 위를 달려 나갈 불씨를 지피고 싶으니까 말이다.

그렇다. 유튜브 '채널 김철수'는 지금껏 내 인생 최대 업적이다. 난 채널 김철수에 자부심을 느낀다. 이게 사회인으로서 나란 사람을 타인에게 증명할 수 있는 유일한 스펙 같다. 그래서 어떻게든 이걸 다시 살리고 싶다. 하지만 잘 안될까 봐 두렵다. 아무도 관심 주지 않으면 어떡하지. 사람들이 봐줄까. 나 혼자만으로도 될까. 내가 뭘 할 수 있는지, 잘 모르겠다. 최악이다.

내겐 사랑이 필요하다. 목숨이 하나라 불안한 내가, 저 위 높은 곳으로 점프해 볼 수 있게 할 힘 말이다. 오늘도 속절없이 '철수 님 재능 정말 빛난다'를 반복해서 되뇌어 보는 나다.

주절주절 얘기를 늘어놓고 보니, 처음에 내가 무슨 말을 하고 싶었던 건지 헷갈린다. 나는 단지 어느 누구에게나 너의 인생을 사랑하라는 뻔한 소리를 하고 싶었던 것 같다. 그리고 그러기 위해선 지금 당장 거울 속의 나를 전부 그대로 인정해야 한다는 말을 하려고 했던 것 같다. 그런데 이런 말을 하는 사람들은 대부분 잘난 사람들이던데, 그렇고 그런 내가 이런 얘길 하는 게 뭐 도움이 되려나. 뭐 어쨌든 믿어도 좋다. 지금의 나를 사랑하려면, 지금의 나를 인정해야 한다. 나를 미워하는 마음을 버려야 한다. 쳐다보고 싶지 않아서 계속 내버려 둔 채로 외면만 하고 있으면 서서히 불행해져 간다. 어쩌면 스스로를 이해하고 인정한 척하면서 또 다른 단어 뒤에 숨어 있을지도 모른다. 그냥 이정도 포지션이면 괜찮지 않을까 하면서 말이다. 하지만 그런 식의 타협은 삶 자체를 애매하게 만든다. 심할 경우, 스스로를 외면하는 버릇을 들인 지 너무 오래돼서 자신이 그렇게 행동하고 있다는 걸 망각하고 있을 수도 있다. 그건 그 자체만으로 자기기만이다.

물론 다른 사람들에게 나란 존재를 얼마만큼 드

러낼지는 개인의 선택이다. 중요한 건 이거다. 스스로를 속여서는 안 된다. 나 자신을 정면으로 바라보는 것. 모든 시작은 거기서부터다. 나 없는 삶의 유효기간은 어디까지나, 내가 나 자신을 인정하지 못했을 때까지만이다.

그런 의미에서, 나는 그 버스에 다시 탑승하려 한다. 인생은 한 번뿐이고, 나는 내가 살고 싶은 삶을 살고 싶으니까 말이다. 어차피 최악인데, 딱히 더 잃을 것도 없고 차라리 잘 된 것 같기도 하다.

만약 첫 버스를 기다리고 있거나 그다음 버스로 갈아타야 하는 사람이 또 있다면 말해주고 싶다. 당신은 자격이 있다. 당신이 어떻게 생겼든, 어떤 사랑을 하든, 어떤 삶을 살기로 결심했든, 현재 어떤 상황에 처해 있든 당신은 해낼 수 있을 거다. 인스타그램에서 본 글인데, 부자들은 하나 같이 긍정적인 가스라이팅의 대가라고 한다. "다 필요 없고 넌 그냥 존나 돼."라는 말을 서슴없이 한다는 거다. 일리가 있어 보이지 않나. 우린 모두 존나 될 거다. 주황색 햇빛이 들어오는 버스를 타고 출발하는 거다.

만약 첫 버스를 기다리고 있거나 그다음 버스로 갈아타야 하는 사람이 또 있다면 말해주고 싶다. 당신은 자격이 있다. 당신이 어떻게 생겼든, 어떤 사랑을 하든, 어떤 삶을 살기로 결심했든, 현재 어떤 상황에 처해있든 당신은 해낼 수 있을 거다.

눈마음

김하루

―

이렇듯 편지 앞에서나마 솔직할 수 있는
시간이 있어서 다행입니다.
아직 이름을 소개하는 일이 낯설어
필명 뒤에 숨어 이야기를 합니다.
떠다니는 단어를 골라잡아 다시 찾아뵙는 일이 있길 바랍니다.

사랑에 빠진 사람의 향기를 맡아봤어요?

형, 좀 우습겠지만 저는 제가 사랑에 허우적거릴 때 풍기는 냄새를 알아요. 흔히들 가그린이라고 부르는 구강청결제의 그 향은 제가 사랑을 시작한다는 신호탄과도 같아요.

형, 서둘러 찾지도 않았는데 벌써 가을이 왔어요. 다가오는 계절이 색색으로 물드는 단풍의 낭만이나, 눈 오는 크리스마스의 설렘이 아닌 건 우리 둘이 같았는데. 우리가 버텨 내야 하는 또 한 번의 계절이 오고 있어요. 오랜만에 편지를 눌러 적다 보니 밀려있던 말들이 쏟아져 나오네요. 어지럽게 말하는 걸 힘들어했던 걸로 기억하는데.

조각 글 쓰는 일을 핑계 삼아 동네의 작은 카페에 머무는 시간이 많아졌어요. 막상 키보드를 누르는 일보다 공간에 존재하는 것들을 구경하는 데 더 몰두하곤 하지만. 그 시간이 빈틈없이 바쁜 건 커피머신 뒤에서 일하고 있는 그 사람 때문이에요. 바깥 풍경을 구경하려면 반쯤 걸쳐지는 그 사람 모습에 자꾸만 제 허리를 반듯하게 고쳐 앉곤 해요.

한때는 떡국을 몇 그릇씩 비워서라도 시간을 빠르게 감고 싶었던 적이 있었는데, 지금은 시계태엽을 단단히 쥐어 잡고 하루라도 천천히 시간이 흐르길 소원하는 옹졸한 사람이 됐어요. 비행기가 낮게 나는 이 동네로 이사 온 지 벌써 1년이 지났어요. 어울리지도 않는 몇 번의 들뜬 사랑에 이별을 가뿐히 해내게 될 때쯤 이 자리에 앉아서 그 사람을 보기 시작했어요. 그새를 못 참고 편지를 어지러뜨렸네요. 미안해요.

고개를 숙일 때면 눈썹이 반쯤 가려지던 앞머리, 그 아래 꾸밈없이 단정한 피부, 바짝 눌러 깎은 듯한 수

염 자국까지. 한참을 보다 보면 마치 오래 알고 지낸 사이처럼 모든 모습이 익숙하면서도 지독히 낯설게 느껴지곤 했어요. 시선을 느꼈는지 그 사람이 고개를 돌릴 때면 로터리에서 간격을 두고 빙그르르 도는 자동차처럼 간격을 두고 천천히 눈마음을 거둬들였어요.

형, 그날은 아침부터 이상했어요. 평소와 다를 것 없이 6시 10분 알람에 눈을 뜨고, 메마른 감정으로 출근 준비를 마쳤어요. 그러고는 현관에서 신발을 신을 때 갑자기 싫증이 일렁이기 시작했어요. 이대로는 안 되겠다 싶어 지하철까지 조금 돌아가는 길을 골랐는데 카페로 향하는 그 사람이 보이지 뭐예요. 발걸음을 말릴 새도 없이 그 사람 뒤를 쫓아 곧장 카페로 들어갔어요. 비록 소중한 연차를 하나 써야 했지만 우린 알잖아요, 즉흥에는 비용이 많이 드는 거.

평소와 똑같이 얼음 두어 개를 띄운 따뜻한 커피를 주문하고 자리에 앉았는데 그 사람이 처음으로 말을 걸어왔어요. 오늘은 출근을 안 하느냐로 시작한 질문이 정신을 차리고 보니 어떤 글을 쓰고 있느냐까지 얘기하고 있더라고요. 형, 차마 다 말하진 못했어요. 지금 내 글의 주인공이 당신이라고. 지금 나누고 있는 대화들도 모두 내 머릿속에서 수도 없이 반복했던 일이라고. 카페로 들어온 다음 손님이 우리 둘의 대화를 빌려 가지 않았더라면 참지 못하고 말했을지 모르죠.

집을 나설 때는 흔적도 보이지 않던 구름이 오후에는 습기를 머금고 제법 크기를 갖췄더라고요. 서둘러 자리를 정리하고 일어나려는데 우두둑 떨어지는 빗소리에 잠깐 창밖을 바라봤던 거 같아요. 지금 생각해 보면 그 사람한테 보여주고 싶었나 봐요. 우산이 없다고. 다시 한번 말을 걸어올 시간이라고. 제가 꺼낸 페르소나의 연기가 통했는지 다가와서 우산을 건네는 그 사람을 앞에 두고 입꼬리를 내리는 데 온 신경을 써야 했어요.

그 사람이 준 우산을 들고 멀리 돌아서 집으로 갔

어요. 우산 아래 두 사람이 있는 것 같아서 일찍 접기가 아쉽더라고요. 저녁까지 방 한쪽에서 말려지고 있는 우산을 보면서 가방에 휴대용 가그린 하나를 넣었어요. 언제까지일지는 모르지만 한동안은 가방 안에서 찰랑거릴 그 사람을 생각하면서요.

형, 다성악(多聲樂) 같은 제 사랑의 시작이 고작 구강청결제라는 게 우스우면서도 서글픈 거 있죠. 이렇게 단조롭고 말끔한 시작 뒤에 이어질 상처받을 시간이 떠올라서요. 특별하다고 생각했던 다른 부분들이 점점 틀리다는 단어로 각색되는 시간이요. 운명이라고 생각했던 같은 부분들이 지루하다 못해 지겹다고 여겨지는 시간까지요.

그 사람이 이쪽으로 오고 있어요. 오늘은 이만 일어날 준비를 해야겠어요. 형, 가을이면 유난히 빛나는 달이 오랫동안 저를 괴롭혔어요. 집 가는 길이 어두울까 봐 조명을 띄워놨다던 실없는 그 말이 아주 오랫동안요. 자주 생각나지만 종종 편지 쏠게요. 그때는 부단히 헤어지느라 하지 못한 말이 많이 남아있어요.

근데요 형, 형을 만날 때면 저한테서 배어 나오던 민트향을 기억해요?

복숭아를 닮은 사람

방멘

인생이라는 여정을 산책하듯 여행하고 여행하듯 산책합니다.

혼자서 책을 만들지만 혼자서는 아무것도 할 수 없다고 생각합니다.

당신이 있어 몇 권의 책을 만들었습니다.

저서로 『출근 대신, 여행』 『발리에선 아무 일도 생기지 않았다』

『불행에서 여행으로 남인도로 인도하다』

『산티아고 순례길의 모든 순간』 등이 있습니다.

엄마인지, 아빠인지. 부먹인지, 찍먹인지. 계절과 관계없는 크지만 작은 인생의 난제가 있는가 하면 여름이라는 계절감이 깃든, 작지만 큰 난제도 있더군요. 딱복인지, 물복인지.

끝을 모르고 내달려 가는 여름의 한가운데에서 몇 개를 사서 집으로 돌아오는 길목에 복숭아를 닮은 사람에 대해 생각했습니다. 솜털이 난 부드러운 피부에서는 달큼한 향기가 풍겼고 하얀 얼굴에 드리워진 붉은 볼 빛은 현현하였던 그래서 향수를 뿌리지 않아도 향기가 났고 화장하지 않아도 뽀얗던 아름다운 사람이었어요.

지난여름을 보내는 동안 만나지 못했던 그 사람을 마주하고 난 뒤 처음 겪어내는 이번의 여름에서 딱딱한 복숭아를 정성스럽게 어루만져 물로 씻어 낸 뒤 적당하게 잘라내 베어 물어 머금고 있자니 그 사람을 복숭아로 환유(換喩)하고 싶어집니다.

작았지만 퍽 단단해 딱딱한 복숭아와 같았던 그 사람의 껍질을 걷어내 보니 속은 물렁한 복숭아처럼 참 여리고 유약했습니다. 그 사람의 마음을 움켜쥐려 할수록 물렁한 복숭아를 폭력적으로 다잡은 손가락의 틈과 틈 사이를 통해 줄줄 흐르는 과즙과 같은 눈물이 제 눈가에서 한없이 흘러내렸습니다.

말라버린 과즙을 닮은 끈적거리는 미련을 씻어내려 하면 할수록 딱딱한 복숭아 씨앗을 닮은 애원의 덩어리가 가슴에 돌처럼 자리 잡고 있음을 느꼈습니다. 그래도 복숭아를 닮은 사람을 곁에 둔다는 것은 조금

슬프고 많이 기쁜 것이라며 그 사람을 곁에 두고 싶어 하는 제 마음은 가공되지 않은 날것의 조야한 아름다움을 품고 있는 것이라고 스스로를 위로했습니다.

복숭아를 닮은 그 사람의 모습이, 그 사람을 머금은 제 마음이 쉽게 무르지 않게 신문지에 싸서 바람이 잘 통하는 한편에 두었어요. 여름이 지나가도 물렁거려 터져버리지 않게 오래 간직하고 싶은 졸렬한 바람을 함께 담아서. 바람이 바람을 만나 영원했으면 하고요. 혹시 이 마음이 가벼워질까 두려워 복숭아를 더 사러 나갔던 여름밤에는 두려움이 두려워 미처 사지 못하고 돌아오기 일쑤였습니다.

며칠 전만 해도 헐벗고 다니고 싶은 마음이 들 정도로 뜨거운 여름의 태양 아래 있던 제가 옷깃을 여미는 계절의 무게를 견뎌내지 못하고 낙하하는 가을을 밟고 있다는 사실을 깨달았을 때 마음 한편에 두었던 복숭아를 닮은 그 사람의 모습을 가까스로 꺼내 보았습니다. 마음에 망상과 도피와 같은 온갖 잡된 것이 섞여 깨끗하지 아니한 상태, 절망스러울 정도로 무심한 상태, 그야말로 썩어버린 상태여서 속절없이 제 마음을 무너져 내리게 하는 것을 막을 도리가 없었습니다.

변치 말자고 했지만 멀어져버린 뒤 오랜만에 마주한 그 사람은 향수를 쓰기 시작한 것 같았습니다. 제가 처음 그 사람을 만났을 때 느꼈던 달콤한 복숭아의 향기와는 다른 낯설고 인공적인 향취에 저는 아찔한 기분이 들어 눈을 질끈 감을 수밖에 없었습니다. 매일 밤 혼자서 서글픈 시간을 지새우면서 이제는 예전과 달라진 그 사람을 소유할 수 없을 것이라는, 어쩌면 영원히 해갈되지 않을 마음의 목마름으로부터 멀어지고픈 발버둥을 치면서 쉽사리 잠들지 못했습니다.

아마 시작한 적 없는데 이미 끝나버린 것들. 아마

물러선 적 없는데 이미 엄습해버린 것들. 아마 운 적 없는데 이미 웃어버린 것들. 아마 떠난 적 없는데 이미 남겨져버린 것들. 아마 희망한 적 없는데 이미 절망해버린 것들. 아마 여행한 적 없는데 이미 불행해버린 것들. 그렇게 복숭아와 같은 과실이 여실한 계절에 뜨거운 열기를 토해내며 무르익는 것들. 움켜쥐려 할수록 달아나는 것들. 아마 사랑한 적 없는데 이미 혐오해버린 것들. 그렇게 사랑이라고 믿었던 것들을 생각하며 한없이 울 수밖에 없는 밤을 보냈습니다.

가까운 미래의 언젠가에 그 사람이, 그 사람을 바라보며 힘껏 웃어 보였지만 그 미소 위에 드리워진 눈빛은 조금 슬퍼 보였던 제 덕분에 '참 좋았었구나' 생각해 준다면, 먼 미래의 언젠가에 함께 떠나지 못할 몇 번의 여행에서 제 존재의 부재(不在)를 반추(反芻)해 준다면, 목적지를 향해 함께 걷고, 맛있는 음식을 함께 먹고, 아름다운 풍경을 함께 바라보았던 어느 날, 어느 순간의 여행을 기억한다고 말해 준다면, 저는 진정 아무것도 중요하지 않은 사람이 될 수 있을 것 같습니다.

수박, 참외, 사두와 같은 쨍쨍한 햇살 아래에서 한 입 베어 물면 미소를 짓게 되는 여름의 과일을 좋아하시나요? 저는 복숭아를 좋아합니다. 아니, 복숭아를 닮은 사람을 좋아했습니다. 다시 찾아올 여름의 어떤 날에 복숭아를 한 입 베어 물며 이야기를 나눌 수 있는 시간을 갖게 된다면 저는 힘껏 웃어 보일 것입니다. 그런데 그 미소 위에 드리워진 제 눈빛은 조금 슬퍼 보였다고 기억해 주셨으면 합니다.

저는 복숭아를 닮은 사람과 함께 영원한 여름에 있습니다.
당신에게 나는.

나가며

며칠 전 친구들과의 술자리에서 '어른'은 어떤 걸까에 대한 이야기를 한참 나누었습니다. '사랑'이나 '어른', 우리에게 너무나도 익숙한 단어는 어쩌면 가장 정의하기 어려운 말이지 않을까요. 도처에 가득한데도 말입니다.

저는 아직도 사랑이 무엇인지 잘 모르겠습니다. 여전히 제게 사랑은 모호합니다. 그런데 어렴풋이 알 것도 같습니다. 책을 시작할 때와는 다르게, 책을 덮으려는 지금은 주연이 되지 않아도 충분하지 않을까 생각합니다. 어느 날엔 그이가 나를 반짝이게 할 테지만, 내일은 내가 당신의 얼굴을 비추는 반사판이 되고 싶어졌습니다. 당신의 그늘진 얼굴을 밝히는 조명이, 어둠을 가르고 집으로 돌아가는 길의 가로등이 되어주는 겁니다. 저기서 내게로 가까워져 오는 당신을 가슴이 터지도록 안아주고, 온기를 나누며 익숙한 숨소리를 듣다 잠들겠지요. 평온하고 보드라운 날들을 마주하겠지요. 그렇게 하루하루 살아가다 지치면 손을 맞잡고 도망갑시다. 주먹을 불끈 쥐고 힘차게 외칠게요. 우리, 다시 돌아오면 되니까 잠깐, 너무 멀지 않은 곳으로 떠나요.

 이 책을 덮으며 한 가지 확실하게 깨달은 것은 사랑만이 가능하게 하는 일이 분명 있음입니다. 고단하고 각박한 삶에서 사랑만큼 중요한 건 없습니다. 사랑이 있기에 오늘이, 내일이 밝아옵니다. 깊은 밤을 지나 어느 아침에 마주할 서리 낀 풍경을 그려 봅니다. 여러분에게도 그런 날이 오겠지요. 이미 충만할지도 모르겠습니다. 당신 곁의 사랑을 안아주고, 또 안기는 사람이길 바랍니다. 사랑으로 가득한 얼굴로 우리 또 만나요.

용맹하게 다정하게 눈이 부시게

copyright ⓒ 시절, 2023

1판 1쇄 | 2023년 11월 17일
1판 2쇄 | 2024년 11월 22일

글
그린 김롯빈 김연지 김철수 김하루 김현경 나나영롱킴 방멘
에리카팜 오종길 이아로 이찬호 장하련 전옥진 진서하

기획·책임편집 | 오종길

표지 디자인 | 박주현
내지 디자인 | 김현경

표지 사진 | 김파랑
내지 사진 | 양두리

출판등록 | 2023년 7월 20일 제 2023-000072호
이메일 | sijeol.book@gmail.com
SNS | @si.jeol.book

ISBN 979-11-984383-1-7 (03810)

*이 책의 판권은 시절에 있습니다.
*이 책 내용의 전부 또는 일부를 재사용하려면
 반드시 펴낸곳을 통한 서면 동의를 받아야 합니다.